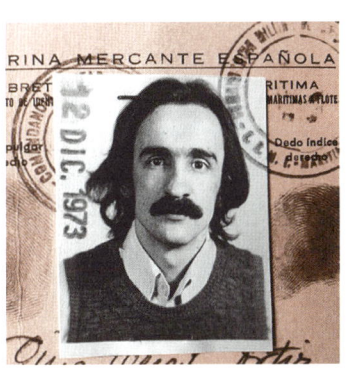

La Barcelona fotografiada de Ginés Cuesta

La Barcelona fotografiada de Ginés Cuesta

La bellesa quotidiana   La belleza cotidiana

**Textos i selecció fotogràfica / Textos y selección fotogràfica:
Isabel Segura**

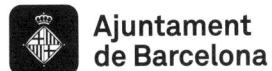

Ajuntament
de Barcelona

Al Ginés Cuesta, per les imatges i per les converses.
A la Regine Meyer, per les rialles. Al Josep Maria Babí i la Carmen
Ríos i a l'Arxiu Històric de Roquetes - Nou Barris, per totes
les facilitats i empatia amb el projecte.

A Ginés Cuesta, por las imágenes y por las conversaciones.
A Regine Meyer, por las risas. A Josep Maria Babí y Carmen Ríos
y al Archivo Histórico de Roquetes-Nou Barris, por todas las
facilidades y empatía con el proyecto.

La bellesa,
l'has de buscar

El dia de la gran nevada, el 25 de desembre de 1962, Ginés Cuesta Ortiz surt al carrer amb la seva primera càmera, una Werlisa de baquelita, amb dos diafragmes. Una màquina simple, tan simple com una caixa fosca. Té 17 anys i fa poc que l'ha comprat. Viu al barri de les Vivendes del Governador —situades a l'actual barri del Verdun al districte de Nou Barris— i aquell dia retrata els blocs de pisos, els carrers i els camps de vinyes i alguna olivera que l'envolten. A partir d'aquell moment, ciutat i fotografia entortolliguen la seva biografia.

Ginés Cuesta arriba al barri el 1953, desplaçat a la força de la casa familiar, una de les cinc que componien un conjunt envoltat per una tanca d'heures, al poblat de Cabrinetti, a deu metres de la presó Model. Hi viuen l'àvia, la mare, tres germans i ell. La mare, vídua, treballa de filadora en una fàbrica de cànem al carrer de Rocafort tocant al Paral·lel, Hilaturas Caralt Pérez, SA.

"En aquella època jo era el campió de fer volar estels que construïa amb el fil de cànem que portava la meva mare i dos fulls de diari. Em bellugava entre les cases que hi havia al voltant i les fàbriques. Era un barri concorregut, amb gent que anava amunt i avall, el paisatge típic de Barcelona. Ens van desallotjar de les casetes i de les barraques que hi havia al voltant."

El pretext per a l'enderroc va ser la celebració del Congrés Eucarístic el 1952. L'acte central del congrés s'havia de fer a la Diagonal, i l'arquitecte Soteras Mauri va dissenyar l'altar, cobert d'una hòstia gegantina per protegir i focalitzar totes les mirades cap a les autoritats eclesiàstiques i militars. La urbanització de la zona va comportar el desplaçament de milers i milers de persones que vivien en cases de planta baixa, en allò que s'ha anomenat arquitectures informals, situades en diversos enclavaments de la ciutat.

La família del Ginés va ser desplaçada al nou barri de les Vivendes del Governador, dissenyat pel mateix arquitecte de l'hòstia gegantina del congrés. D'altres, van ser reallotjades al barri de Can Clos, sota Montjuïc, i al barri de Via Trajana —a l'altra banda de Barcelona, al límit de Sant Adrià de Besòs—. Els tres conjunts es van construir a velocitat de vertigen i amb materials d'ínfima qualitat. Tots tres avui en dia han desaparegut, no com a barris, però sí els blocs que van tenir una vida material precària per la mala qualitat dels materials i els dèficits constructius.

"El canvi va ser radical, vam passar de viure en una casa de planta baixa a un pis de 20 metres quadrats on s'encabien dues habitacions, una cuina menjador i un bany d'un metre quadrat."

Tot i que el barri ja estava habitat, la inauguració oficial es va fer el dia 10 de juliol de 1953. Els diaris de l'època ho recullen. L'arquebisbe de Barcelona beneeix el barri i el governador civil Felipe Acedo Colunga fa una brevíssima al·locució per fer responsable Déu que aquell dia no lluís el sol. Els periodistes van quedar desconcertats i van destacar la brevetat del discurs. La tríada d'autoritats, arquebisbe, capità general i alcalde de Barcelona, en aquel moment Antoni Maria Simarro, més el president de la Diputació, el president de l'Audiència Territorial, el cap del sector naval militar, el cap del sector aeri de Catalunya, un representant del capità general de la IV Regió i del governador militar, el secretari general del Govern, el secretari general de la Jefatura Superior de Policía, el tinent fiscal de l'Audiència, el delegat de Treball, el subdelegat provincial d'Abastecimientos y Transportes, el delegat de la Direcció General de la Companyia Telefònica Nacional d'Espanya per a Catalunya i Balears, els secretaris tècnics i particulars del governador civil, el president del Col·legi d'Arquitectes, el director de la Sociedad de Aguas de Barcelona, l'arquitecte municipal, el president de la Federació Catalana de Futbol i altres autoritats, fan el "paseíllo" pel barri. Una petitíssima selecció de les autoritats, el senyor arquebisbe i el senyor governador civil, visiten l'interior d'alguns habitatges. No hi ha constància gràfica de les visites a l'interior dels habitatges, potser el fotògraf no va trobar l'angle d'enquadrament, molt difícil de trobar en uns habitatges de 20 metres quadrats aproximadament. O potser mostrar com eren per dins no contribuïa a enaltir l'obra pública del règim.

Les Vivendes del Governador quedaven delimitades pels carrers de Milagrosa, d'Almansa, via Favència i de Góngora, desconnectades de tota trama urbana. Es van construir 41 blocs i 906 habitatges, i 32 botigues. La gran majoria dels habitatges, 763, tenien una superfície de 20,28 metres quadrats. La resta, més petits o un xic més grans.

Hi va haver un control polític ferm.

"A cada bloc posen a viure un funcionari franquista, que exerceix de cap i controla qui entra i qui surt, qui es queda a dormir i qui no. I existeix un cap general de tot el barri."

"Em vaig educar al carrer per les circumstàncies en què vivíem. Viure en aquelles cases de 20 metres quadrats on havien encabit dues habitacions, una cuina menjador i un lavabo em feia baixar al carrer, viure al carrer. El carrer era el meu espai vital, els carrers del barri i els camps que hi havia a la vora. De petit, però amb el pas dels anys també, sempre he necessitat sortir al carrer. El carrer ha estat el meu espai d'aprenentatge, de relació."

Als 10 anys, la mare del Ginés li diu que si no vol estudiar ha de treballar i ho fa en una carboneria al carrer de Joaquim Valls. Poc després, abandona la carboneria per treballar com a repartidor en una botiga de queviures de la Gran Via, entre els 12 i els 16 anys.

"No coneixia la zona, no hi havia estat mai. El centre de Barcelona m'era completament desconegut. En els llargs viatges a la feina vaig aprendre a llegir. Em comprava l'enciclopèdia *Pulga*, aquells volums de petit format, més o menys com un paquet de cigarretes, d'unes seixanta pàgines. M'agradaven, sobretot, les biografies.

Quan anava a portar els paquets, per tal de no perdre'm, buscava façanes, elements arquitectònics que em servissin com a referents per fer el camí de tornada. Em vaig perdre moltes vegades. En alguna ocasió em vaig posar a plorar i algú s'apiadà de mi i em va tornar a casa. Ara bé, aquella feina va ser una mena de descoberta del món i una explosió emocional. Cada dia em trobava amb dinàmiques desconegudes i amb una nova llengua, el català, que aprenc. Del *colmado*, passo a l'hotel Recasens, a la ronda de la Universitat, on treballo de grum. En aquell hotel hi paraven actors, gent del teatre especialment, i quedo fascinat per aquell món. Vaig llegir un anunci i em vaig matricular a l'Escuela de Actores de Julio Coll."

Agafa aquest fil, el de la interpretació, i actua en una pel·lícula del director francès Maurice Ronet, titulada *Le voleur du Tibidabo*, 1964. Aquí li van canviar el títol pel de *La vida es magnífica*.

"Més que actuar, m'interessava molt més estar darrere la càmera. Entre 1965 i 1968 vaig exercir de meritori en producció, cameràman i direcció en la productora Profilmes. El 1968 vaig treballar com a meritori de direcció en la pel·lícula *El último sábado*. També vaig treballar com a segon ajudant del director Pedro Balañá."

I cada dia retorna al barri, als carrers del barri.

"Tenia un cosí germà que treballava en una casa de material fotogràfic, la Negtor. Comprava pel·lícules a bon preu i en el laboratori de casa seva revelàvem i fèiem còpies en paper. Aquest va ser el meu primer contacte amb un laboratori i vaig aprendre les primeres nocions."

El Ginés tenia problemes d'audició des de molt jove:

"Descodifico millor la imatge a causa de la sordesa, comprenc més mirant que parlant. Interpreto el moviment, la gestualitat, l'expressió, la posició del cos."

Veure comporta comprensió i coneixement. És des d'aquesta comprensió i coneixement que sap captar la bellesa, una bellesa que s'allunya dels cànons estètics hegemònics, una bellesa heterodoxa de cossos, d'accions, de volums, d'espais, de paisatges. Una bellesa que convoca l'empatia i la compassió cultural.

"La bellesa l'has de buscar i veus la bellesa de les geometries, de la llum, dels cossos que es deixen retratar, que juguen a les cartes, o prenen una cervesa."

Una bellesa que busca i troba al barri i en la seva gent. El barri és un cul-de-sac, si parlem en termes urbanístics. No porta enlloc. O s si ho contemples des d'una altra perspectiva.

> "M'interessa la gent en els seus actes quotidians, que no per quotidians es repeteixen cada dia. Aparentment són idèntics, però si mires atentament i et forces a mirar amb intencionalitat, descobreixes la bellesa."

Has de saber llegir i buscar la bellesa en aquests espais, en la gestualitat de la gent que els habita, en els volums del barri que els compon, en els paisatges sorprenents fora de tot manual d'arquitectura o d'imatges construïdes de la ciutat de Barcelona. Hi ha qui ha confessat per escrit que no sabia trobar la bellesa en els barris de Nou Barris. Cal estar entrenades i entrenats, aprendre a llegir signes, i compartir una comunitat d'experiències i de significats. La gent del barri se sap del barri, comparteixen codis.

El barri, per als que no són del barri, és un suburbi, i suburbi, per als no suburbials, era una paraula pejorativa, digués el que digués el diccionari.

El barri, per als que no són del barri, és una zona suburbial amb textura suburbial, que, fent la traducció de sentit, seria un espai sense ordre ni concert seguint els criteris urbanístics del moment. Amb tot, hi ha una excepció en la mirada urbanística que voldríem comentar. És un text de l'arquitecte Josep E. Donato, que analitza els barris alts de Sant Andreu, a la revista *Cuadernos de Arquitectura*, número 60, 1965.

Donato fa una defensa urbanística del barri. N'assenyala alguns valors positius, com ara l'existència de botigues, bars, i alguns serveis, entre d'altres, la centraleta de telèfons, l'estafeta central, un "puesto de policía", escola, dispensari i biblioteca. L'existència de comerços i serveis dona vida al carrer que s'activa i crea un ambient urbà que no només té en compte la circulació. L'existència d'una plaça investida d'espai nuclear que configura un ambient urbà "que tanto se añora —diu l'arquitecte— en los desangelados y cartesianos polígonos de bloques, que infectan y son ya las nuevas murallas de la Ciudad".

Donato també parla de mala qualitat de la construcció, només ho fa de passada, i atribueix aquell ús intensiu dels carrers i de la socialització, de la trobada i de l'estar, a altres "costums, cultures" que tenen els immigrants, així, en genèric.

Ginés Cuesta precisa una mica més, ell que ha nascut a Barcelona, diu:

> "Vivia més fora que dins de casa. Em passava el dia al carrer, com a necessitat vital, era com respirar. Necessitava estar fora d'aquells 20 metres quadrats on vivíem. Saps el que representa viure en un espai tan reduït? L'exterior m'era gratificant, variat i em permetia relacionar-me amb altres."

I així, caminant pel barri, enquadra la mirada en la dona que emblanquina la façana, com a part d'un conjunt espacial i humà; les piles de caixes de fruites i hortalisses entre el bar Juarez i la botiga de pesca salada; les geometries i transparències dels edificis, amb la gàbia dels ocells penjada a la façana; els passadissos que connecten els habitatges i els blocs, espais intermedis de trobades, de l'estar, del xerrar; els safarejos com a punt comunitari per excel·lència per a les dones i criatures del barri; i el bar, un altre espai comunitari masculinitzat; i el carrer, que concentra jocs diversos, assajos teatrals.

El Ginés es declara més fotògraf de carrer que d'interiors. Amb tot, quan va fer el retrat de la seva veïna, la senyora Gertrudis, la va situar a la cuina menjador. Ella, asseguda, a la taula coberta per un hule i un tapet, potser de plàstic, potser de fil. Un fruiter, amb peres i dos trossos de pa. La senyora Gertrudis, una mica desplaçada del centre, cabells blancs, cara arrugada, tota vestida de negre, mira el fotògraf de fit a fit. Les mans reposen l'una sobre l'altra, disteses. En el lateral, imatge de la cuina, la pica, el banc d'obra primigeni sobre el qual hi ha la cuina de butà. Les cortines, darrere d'ella, i, penjat a la paret, el calendari amb una idíl·lica i estandarditzada fotografia de nena amb gos llegint un conte. El Ginés ha vist la bellesa de la senyora Gertrudis i del seu espai i ha sabut crear una de les fotografies més belles que mai s'han fet a Barcelona. I ha volgut que sapiguem qui era, li ha posat nom, la senyora Gertrudis. De les veïnes no en sabem o no en recordem el cognom, no cal. Ella és la senyora Gertrudis, una representació de totes aquelles fantàstiques senyores Gertrudis que hi havia i hi ha a tots els barris de Barcelona. Però té nom, ja ho hem dit, és la senyora Gertrudis del barri de les Vivendes del Governador de Barcelona.

"La senyora Gertrudis vivia dos blocs més avall del meu. Era vídua. El seu fill era venedor ambulant i passava moltes temporades sola. Érem vells amics, per a mi era com la meva àvia, una persona comunicativa, alegre, simpàtica. Veure-la era com veure la vida. La vaig voler retratar a casa seva perquè la mantenia tal qual, no com la meva que, per guanyar espai, havien cobert la galeria amb obra i vidre i havíem traslladat la cuina a la galeria. Aquesta fotografia és tot el contrari de l'ambigüitat."

El radi d'acció del Ginés depassa el propi barri i s'expandeix per altres barris de la part nord de Barcelona.

"La bellesa —insisteix el Ginés—, l'has de buscar."

La belleza,
la tienes que buscar

El día de la gran nevada, el 25 de diciembre de 1962, Ginés Cuesta Ortiz sale a la calle con su primera cámara, una Werlisa de baquelita, con dos diafragmas. Una máquina simple, tan simple como una caja oscura. Tiene 17 años y hace poco que la ha comprado. Vive en el barrio de las Viviendas del Gobernador, situadas en el barrio del Verdun del distrito de Sant Martí, y ese día retrata los bloques de pisos, las calles y los campos de viñas y algún olivo que lo rodean. A partir de ese momento, ciudad y fotografía envuelven su biografía.

Ginés Cuesta llega al barrio en 1953, desplazado a la fuerza de su casa familiar, una de las cinco que componían un conjunto rodeado por una valla de hiedras, en el poblado de Cabrinetti, a diez metros de la prisión Modelo. Viven allí su abuela, su madre, tres hermanos y él. Su madre, viuda, trabaja de hiladora en una fábrica de cáñamo en la calle de Rocafort tocando al Paralelo, Hilaturas Caralt Pérez, S. A.

"En aquella época yo era el campeón de hacer volar cometas que construía con el hilo de cáñamo que traía mi madre y dos hojas de periódico. Me movía entre las casas que había alrededor y las fábricas. Era un barrio concurrido, con gente que iba arriba y abajo, el paisaje típico de Barcelona. Nos desalojaron de las casitas y de las chabolas que había alrededor".

El pretexto para el derribo fue la celebración del Congreso Eucarístico en 1952. El acto central del congreso debía celebrarse en la Diagonal, y el arquitecto Soteras Mauri diseñó el altar, cubierto de una hostia gigantesca para proteger y focalizar todas las miradas hacia las autoridades eclesiásticas y militares. La urbanización de la zona implicó el desplazamiento de miles y miles de personas que vivían en casas de planta baja, en lo que se ha denominado arquitecturas informales, ubicadas en varios enclaves de la ciudad.

La familia de Ginés fue desplazada al nuevo barrio de las Viviendas del Gobernador, diseñado por el mismo arquitecto de la hostia gigantesca del congreso. Otras fueron realojadas en el barrio de Can Clos, bajo Montjuïc, y en el barrio de Vía Trajana, al otro lado de Barcelona, al límite de Sant Adrià de Besòs. Los tres conjuntos se construyeron a una velocidad de vértigo y con materiales de ínfima calidad. Hoy en día los tres han desaparecido, no como barrios, pero sí los bloques, que tuvieron una vida material precaria por la mala calidad de los materiales y sus déficits constructivos.

"El cambio fue radical, pasamos de vivir en una casa de planta baja a hacerlo en un piso de 20 metros cuadrados donde se embutían dos habitaciones, una cocina comedor y un baño de un metro cuadrado".

Aunque el barrio ya estaba habitado, la inauguración oficial tuvo lugar el día 10 de julio de 1953. Los diarios de la época lo recogen. El arzobispo de Barcelona bendice el barrio y el gobernador civil Felipe Acedo Colunga realiza una brevísima alocución para responsabilizar a Dios de que ese día no luciera el sol. Los periodistas quedaron desconcertados y destacaron la brevedad del discurso. La tríada de autoridades, arzobispo, capitán general y alcalde de Barcelona, en ese momento Antoni Maria Simarro, más el presidente de la Diputación, el presidente de la Audiencia Territorial, el jefe del sector naval militar, el jefe del sector aéreo de Cataluña, un representante del capitán general de la IV Región y del gobernador militar, el secretario general del Gobierno, el secretario general de la Jefatura Superior de Policía, el teniente fiscal de la Audiencia, el delegado de Trabajo, el subdelegado provincial de Abastecimiento y Transportes, el delegado de la Dirección General de la Compañía Telefónica Nacional de España para Cataluña y Baleares, los secretarios técnicos y particulares del gobernador civil, el presidente del Colegio de Arquitectos, el director de la Sociedad de Aguas de Barcelona, el arquitecto municipal, el presidente de la Federación Catalana de Fútbol y otras autoridades, hacen el paseíllo por el barrio. Una pequeñísima selección de las autoridades, el señor arzobispo y el señor gobernador civil visitan el interior de algunas viviendas. No hay constancia gráfica de las visitas al interior de las viviendas, quizás el fotógrafo no halló el ángulo de encuadre, muy difícil de encontrar en unas viviendas de 20 metros cuadrados aproximadamente. O tal vez mostrar cómo eran por dentro no contribuía a enaltecer la obra pública del régimen.

Las Viviendas del Gobernador quedaban delimitadas por las calles Milagrosa, Almansa, Vía Favència y Góngora, desconectadas de toda trama urbana. Se construyeron 41 bloques y 906 viviendas, y 32 tiendas. La gran mayoría de las viviendas, 763, tenían una superficie de 20,28 metros cuadrados. El resto, más pequeñas o un poco más grandes.

Hubo un férreo control político.

"En cada bloque ponen a vivir a un funcionario franquista, que ejerce de jefe y controla quién entra y quién sale, quién se queda a dormir y quién no. Y existe un jefe general de todo el barrio".

"Me eduqué en la calle por las circunstancias en que vivíamos. Vivir en aquellas casas de 20 metros cuadrados donde habían embutido dos habitaciones, una cocina comedor y un baño me hacía bajar a la calle, vivir en la calle. La calle era mi espacio vital, las calles del barrio y los campos que había cerca. De pequeño, pero con el paso de los años también, siempre he necesitado salir a la calle. La calle ha sido mi espacio de aprendizaje, de relación".

A los 10 años, la madre de Ginés le dice que si no quiere estudiar tiene que trabajar, y lo hace en una carbonería en la calle de

Joaquim Valls. Poco después abandona la carbonería para trabajar como repartidor en una tienda de comestibles de la Gran Vía, entre los 12 y los 16 años.

"No conocía la zona, no había estado nunca allí. El centro de Barcelona me era completamente desconocido. En los largos trayectos al trabajo aprendí a leer. Me compraba la enciclopedia *Pulga*, aquellos volúmenes de pequeño formato, más o menos como un paquete de cigarrillos, de unas sesenta páginas. Me gustaban, sobre todo las biografías.

Cuando iba a llevar los paquetes, para no perderme, buscaba fachadas, elementos arquitectónicos que me servieran de referentes para hacer el camino de vuelta. Me perdí muchas veces. En alguna ocasión me eché a llorar y alguien se apiadó de mí y me devolvió a casa. Ahora bien, ese trabajo fue una especie de descubrimiento del mundo y una explosión emocional. Cada día me encontraba con dinámicas desconocidas y con una nueva lengua, el catalán, que aprendo. Del colmado paso al hotel Recasens, en la ronda de la Universitat, donde trabajo de botones. En ese hotel se alojaban actores, gente del teatro especialmente, y quedo fascinado por ese mundo. Leí un anuncio y me matriculé en la Escuela de Actores de Julio Coll".

Escoge la senda de la interpretación, y actúa en una película del director francés Maurice Ronet, titulada *Le voleur du Tibidabo*, de 1964. Aquí le cambiaron el título por el de *La vida es magnífica*.

"Más que actuar, me interesaba mucho más estar detrás de la cámara. Entre 1965 y 1968 ejercí de meritorio en producción, *cameraman* y dirección en la productora Profilmes. En 1968 trabajé como meritorio de dirección en la película *El último sábado*. También trabajé como segundo ayudante del director Pedro Balañá".

Y cada día regresa a su barrio, a las calles de su barrio.

"Tenía un primo hermano que trabajaba en una casa de material fotográfico, la Negtor. Compraba películas a buen precio y en el laboratorio de su casa revelábamos y hacíamos copias en papel. Ese fue mi primer contacto con un laboratorio y allí aprendí las primeras nociones".

Ginés tenía problemas de audición desde muy joven:

"Descodifico mejor la imagen a causa de la sordera, comprendo más mirando que hablando. Interpreto el movimiento, la gestualidad, la expresión, la posición del cuerpo".

Ver implica comprensión y conocimiento. Y es de esta comprensión y conocimiento que sabe captar la belleza, una belleza que se aleja de los cánones estéticos hegemónicos, una belleza heterodoxa de cuerpos, de acciones, de volúmenes, de espacios, de paisajes. Una belleza que convoca la empatía y la compasión cultural.

> "La belleza la tienes que buscar, y ves la belleza de las geometrías, de la luz, de los cuerpos que se dejan retratar que juegan a las cartas o se toman una cerveza".

Una belleza que busca y encuentra en el barrio y en su gente. El barrio es un callejón sin salida, si hablamos en términos urbanísticos. No lleva a ningún sitio. O sí, si lo contemplas desde otra perspectiva.

> "Me interesa la gente en sus actos cotidianos, que no por cotidianos se repiten cada día. Aparentemente son idénticos, pero si observas con atención y te fuerzas a mirar con intencionalidad, descubres la belleza".

Tienes que saber leer y buscar la belleza en estos espacios, en la gestualidad de la gente que los habita, en los volúmenes del barrio que los compone, en los paisajes sorprendentes fuera de todo manual de arquitectura o de imágenes construidas de la ciudad de Barcelona. Hay quien ha confesado por escrito que no sabía encontrar la belleza en los barrios de Nou Barris. Hay que estar entrenadas y entrenados, aprender a leer signos, y compartir una comunidad de experiencias y de significados. La gente del barrio se sabe del barrio, comparten códigos.

El barrio, para los que no son del barrio, es un suburbio, y suburbio, para los no suburbiales, era una palabra peyorativa, dijera lo que dijera el diccionario.

El barrio, para los que no son del barrio, es una zona suburbial con textura suburbial, que traduciendo su sentido, sería un espacio sin orden ni concierto siguiendo los criterios urbanísticos del momento. No obstante, hay una excepción en la mirada urbanística que querríamos comentar. Es un texto del arquitecto Josep E. Donato, que analiza los barrios altos de Sant Andreu, en la revista *Cuadernos de Arquitectura*, número 60, 1965.

Donato hace una defensa urbanística del barrio. Señala algunos valores positivos, como la existencia de tiendas, bares y algunos servicios, entre otros, la centralita de teléfonos, la estafeta central, un puesto de policía, escuela, dispensario y biblioteca. La existencia de comercios y servicios da vida a la calle, que se activa y crea un ambiente urbano que no solo tiene en cuenta la circulación. La existencia de una plaza investida de espacio nuclear que configura un ambiente urbano "que tanto se añora —dice el arquitecto— en los desangelados y cartesianos polígonos de bloques, que infectan y son ya las nuevas murallas de la Ciudad".

Donato también habla de mala calidad de la construcción, solo lo hace de paso, y atribuye ese uso intensivo de las calles y de la socialización, del encuentro y del estar, a otras "costumbres, culturas" que tienen los inmigrantes, así, en genérico.

Ginés Cuesta precisa un poco más; él, que ha nacido en Barcelona, dice:

> "Vivía más fuera que dentro de casa. Me pasaba el día en la calle, como necesidad vital, era como respirar. Necesitaba estar fuera de aquellos 20 metros cuadrados

donde vivíamos. ¿Sabes lo que representa vivir en un espacio tan reducido? El exterior me era gratificante, variado y me permitía relacionarme con otros".

Y así, caminando por el barrio, encuadra su mirada en la mujer que blanquea la fachada, como parte de un conjunto espacial y humano; las cajas de frutas y hortalizas apiladas entre el bar Juarez y la tienda de pesca salada; las geometrías y transparencias de los edificios, con la jaula de los pájaros colgada en la fachada; los pasadizos que conectan las viviendas y los bloques, espacios intermedios de encuentros, del estar, del charlar; los lavaderos como punto comunitario por excelencia para las mujeres y niños del barrio; y el bar, otro espacio comunitario masculinizado; y la calle, que concentra juegos diversos, ensayos teatrales.

Ginés se declara más fotógrafo de calle que de interiores. Sin embargo, cuando hizo el retrato de su vecina, la señora Gertrudis, la situó en la cocina comedor. Ella, sentada a la mesa cubierta por un hule y un tapete, quizás de plástico, quizás de hilo. Un frutero con peras y dos trozos de pan. La señora Gertrudis, un poco desplazada del centro, pelo blanco, cara arrugada, toda vestida de negro, mira al fotógrafo fijamente. Las manos descansan la una sobre la otra, distendidas. En el lateral, imagen de la cocina, la pila, el banco de obra primigenio sobre el que se asienta la cocina de butano. Las cortinas detrás de ella y, colgado en la pared, el calendario con una idílica y estandarizada fotografía de niña con perro leyendo un cuento. Ginés ha visto la belleza de la señora Gertrudis y de su espacio y ha sabido crear una de las fotografías más bellas jamás hechas en Barcelona. Y ha querido que sepamos quién era, le ha puesto nombre, la señora Gertrudis. De las vecinas no sabemos o no recordamos el apellido, no hace falta. Ella es la señora Gertrudis, una representación de todas esas fantásticas señoras Gertrudis que había y hay en todos los barrios de Barcelona. Pero tiene nombre, ya lo hemos dicho, es la señora Gertrudis del barrio de las Viviendas del Gobernador de Barcelona.

"La señora Gertrudis vivía dos bloques más abajo del mío. Era viuda. Su hijo era vendedor ambulante y pasaba muchas temporadas sola. Éramos viejos amigos, para mí era como mi abuela, una persona comunicativa, alegre, simpática. Verla era como ver la vida. Quise retratarla en su casa porque la mantenía tal cual, no como la mía, que para ganar espacio se había cubierto la galería con obra y cristal y habíamos trasladado la cocina a la galería. Esta fotografía es todo lo contrario de la ambigüedad".

El radio de acción de Ginés sobrepasa el propio barrio y se expande por otros barrios de la parte norte de Barcelona.

"La belleza —insiste Ginés—, la tienes que buscar".

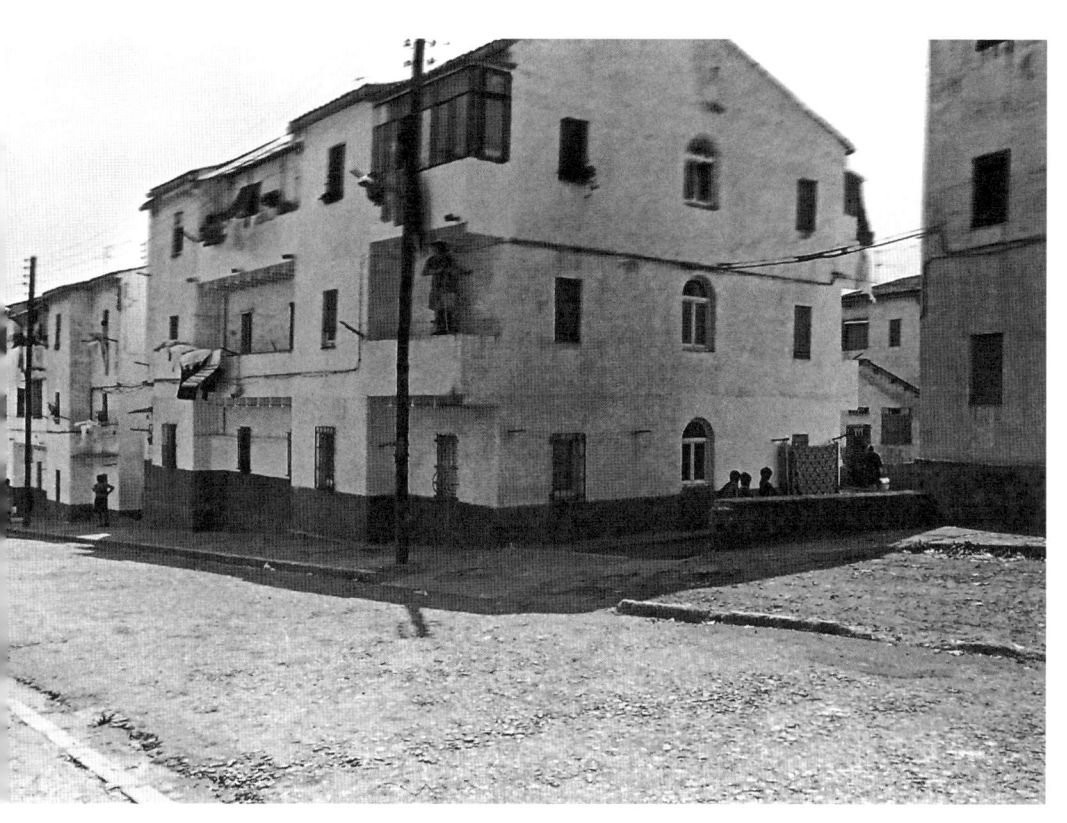

La compra al costat de casa   1976   La compra al lado de casa

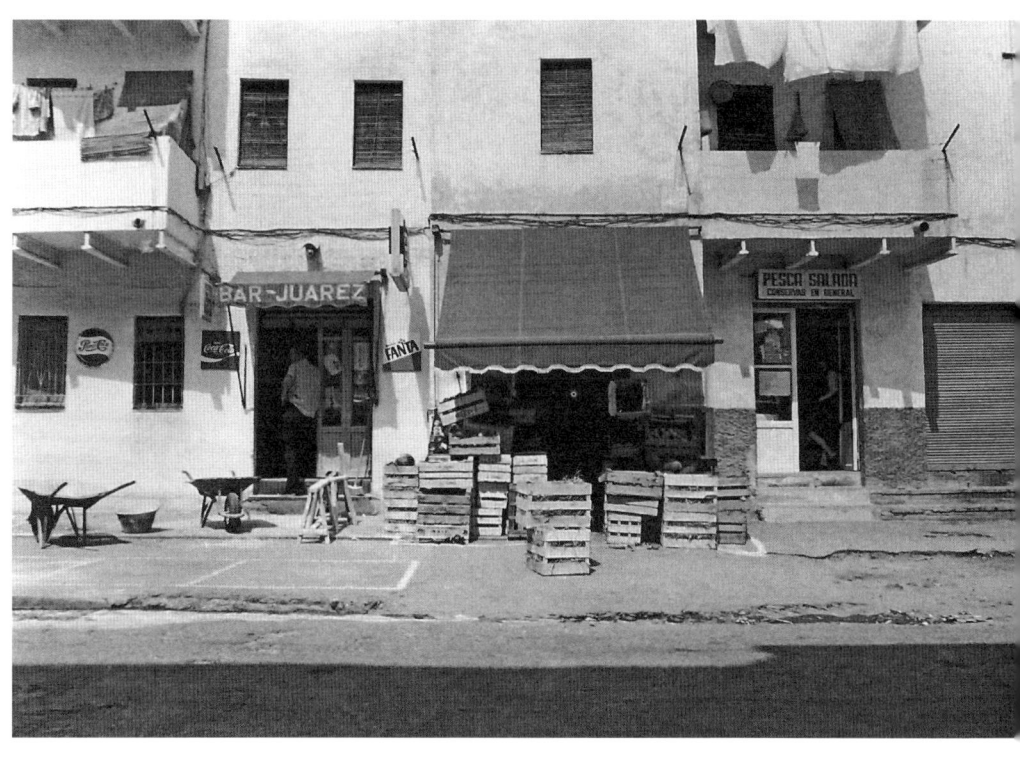

Per telefonar havies de sortir de casa   1976   Para telefonear tenías que salir de casa

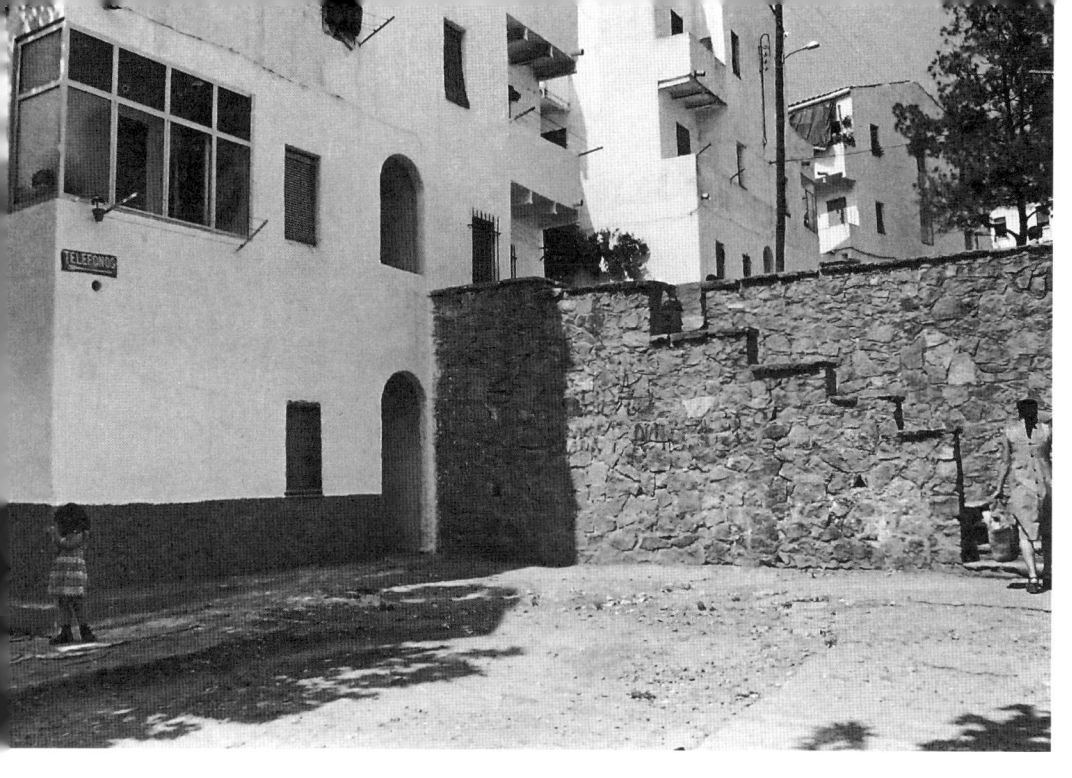

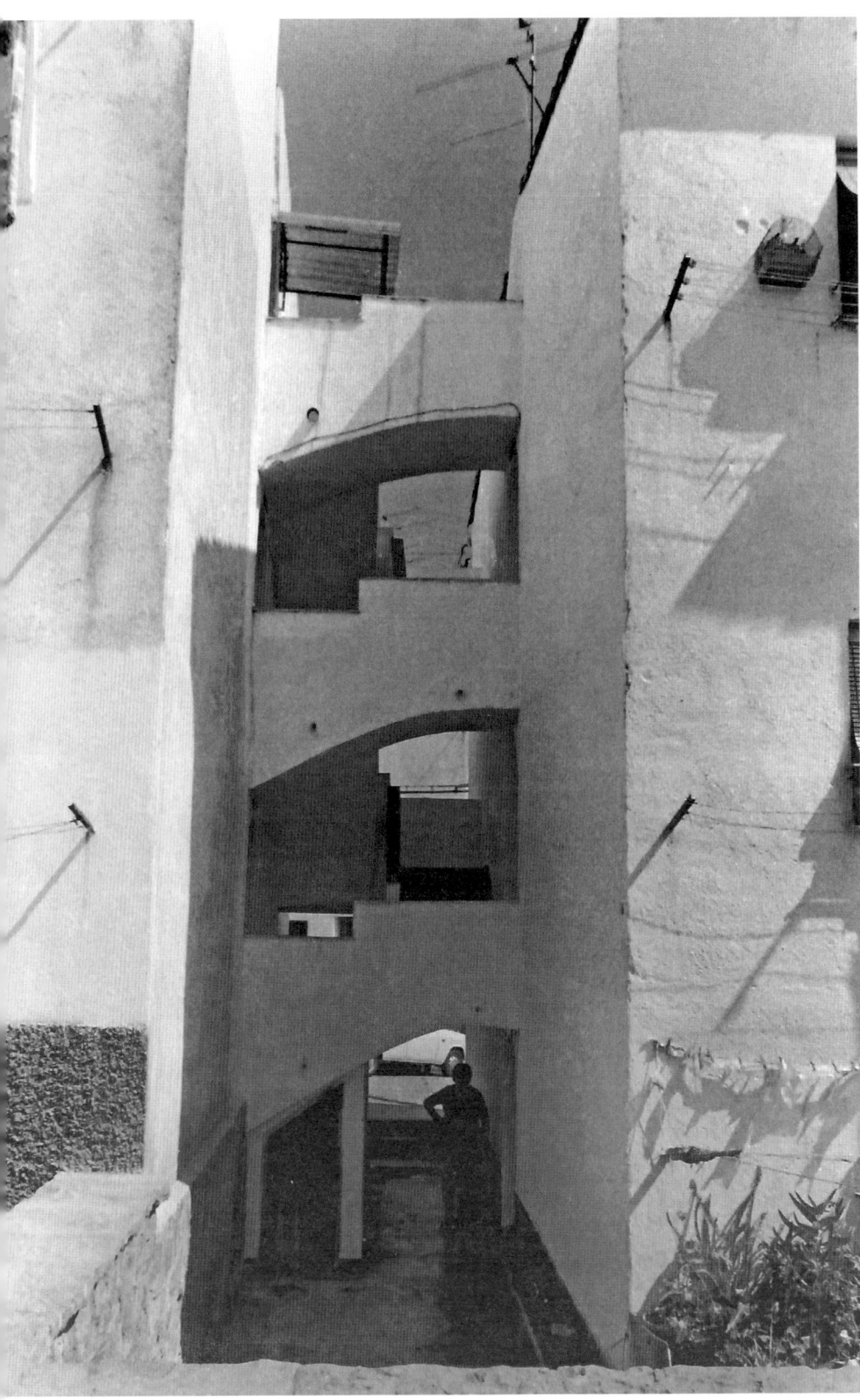

.

La comunitat es formava als passadissos   1969   La comunidad se formaba en los pasadizos

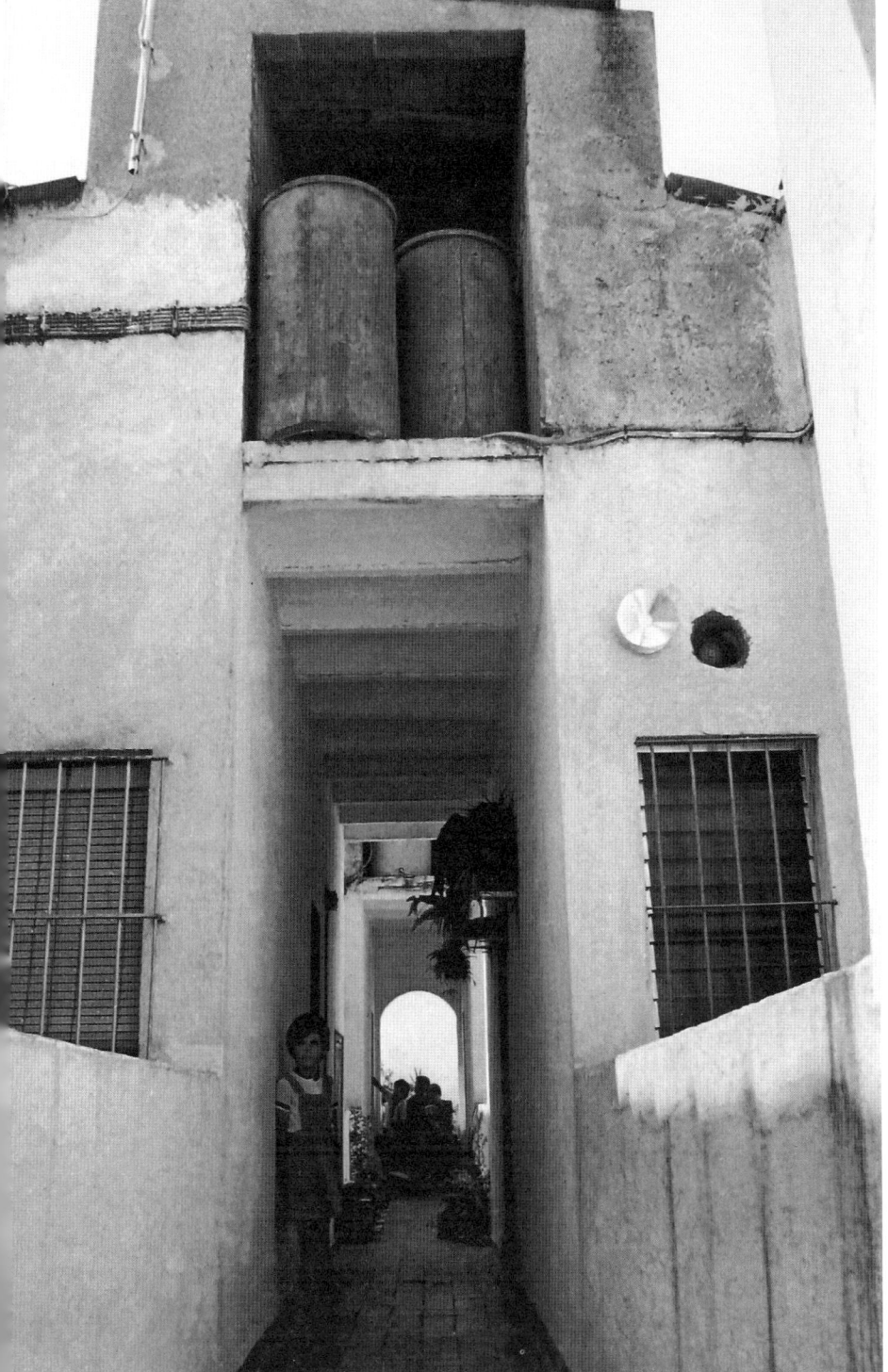

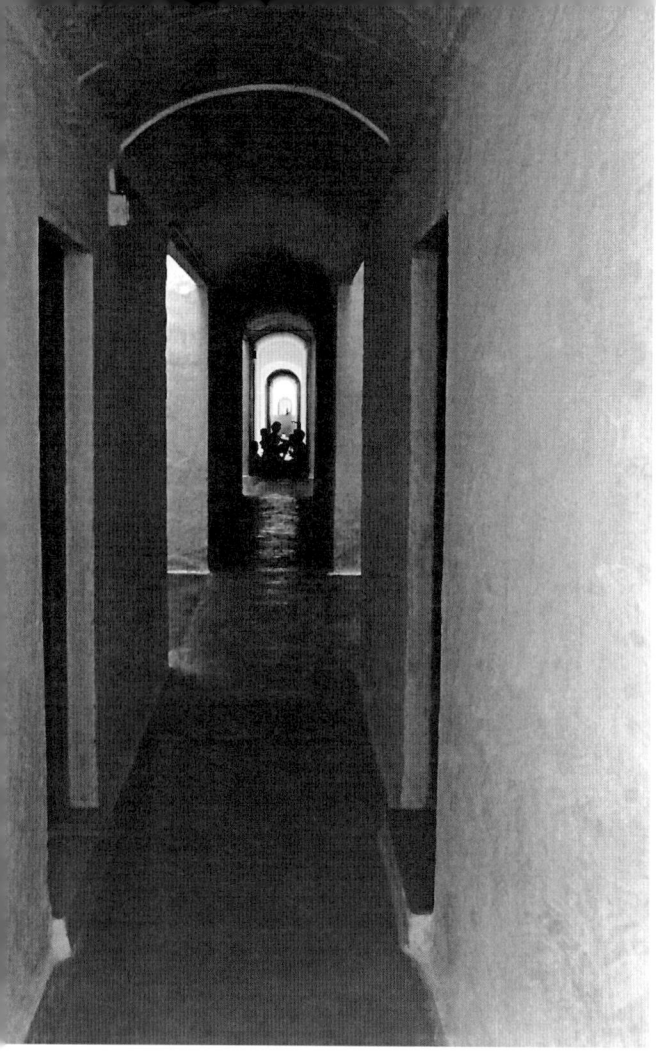

La privacitat familiar era molt difícil   1976   La privacidad familiar era muy difícil

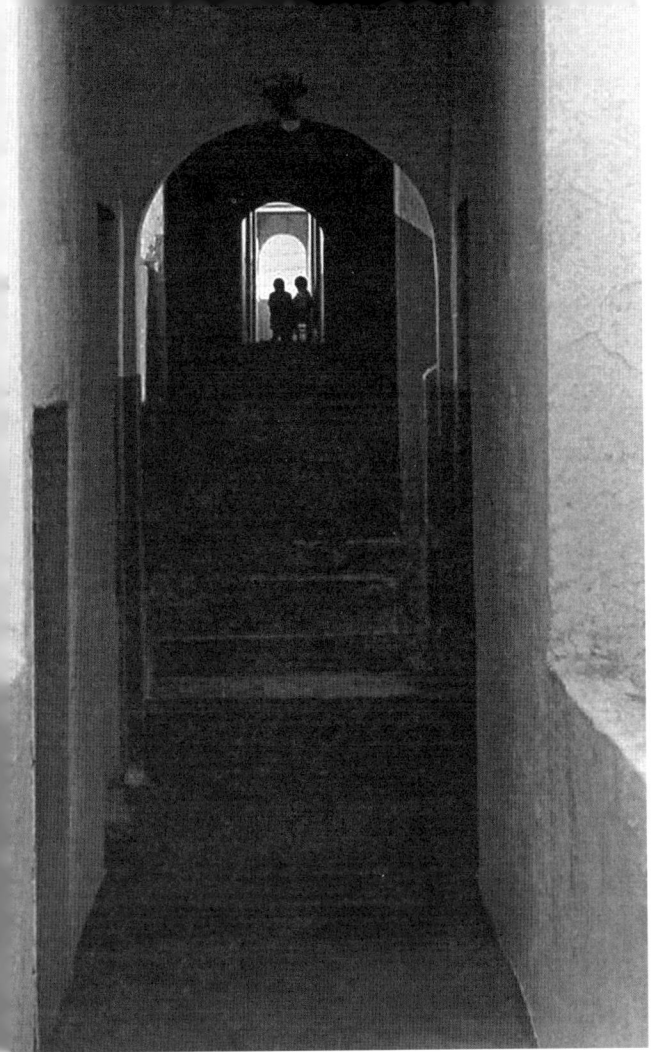

Mirant al carrer d'Almansa, el principal del barri   1976   Mirando a la calle de Almansa, la principal del barrio

La meva estimada veïna la senyora Gertrudis   1969   Mi querida vecina la señora Gertrudis

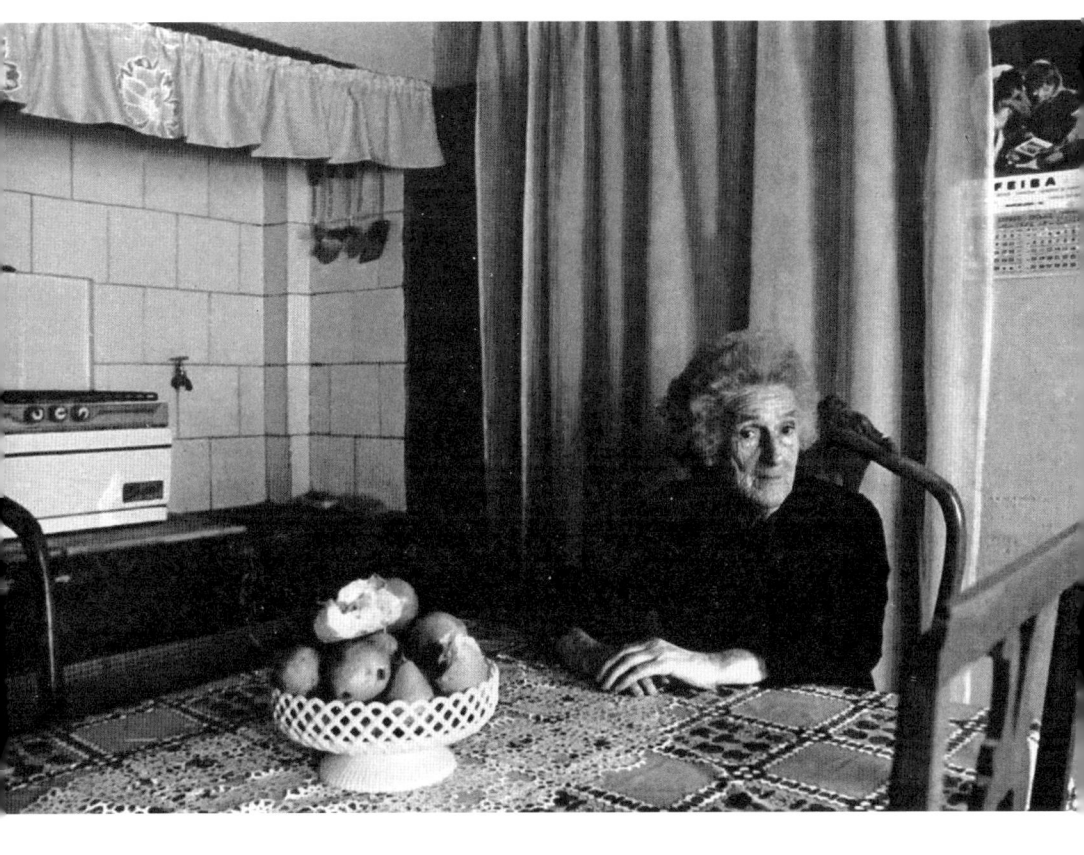

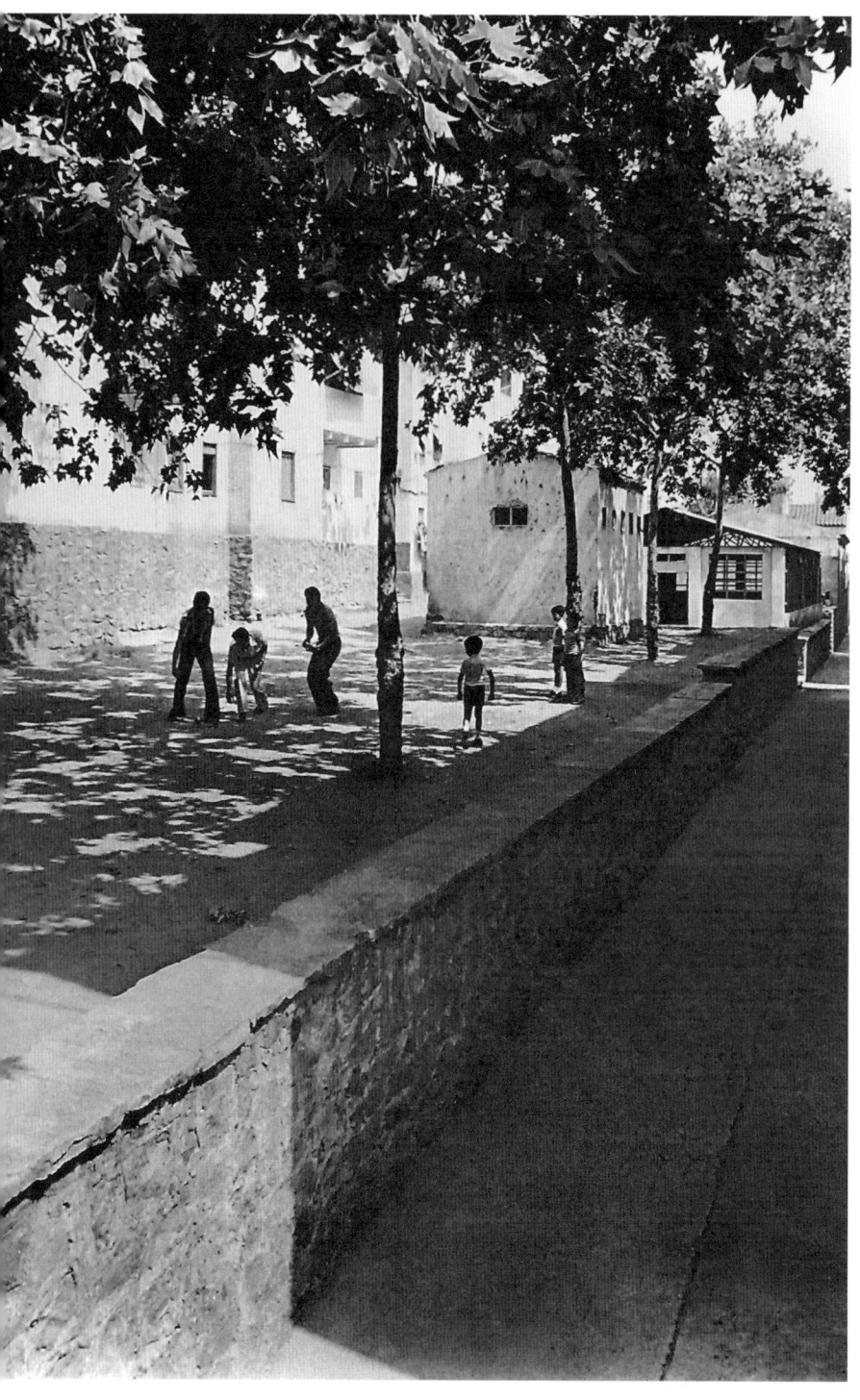

gant a la petanca al pati darrere el safareig   1969   Jugando a la petanca en el patio detrás del lavadero

Interior del safareig   1969   Interior del lavadero

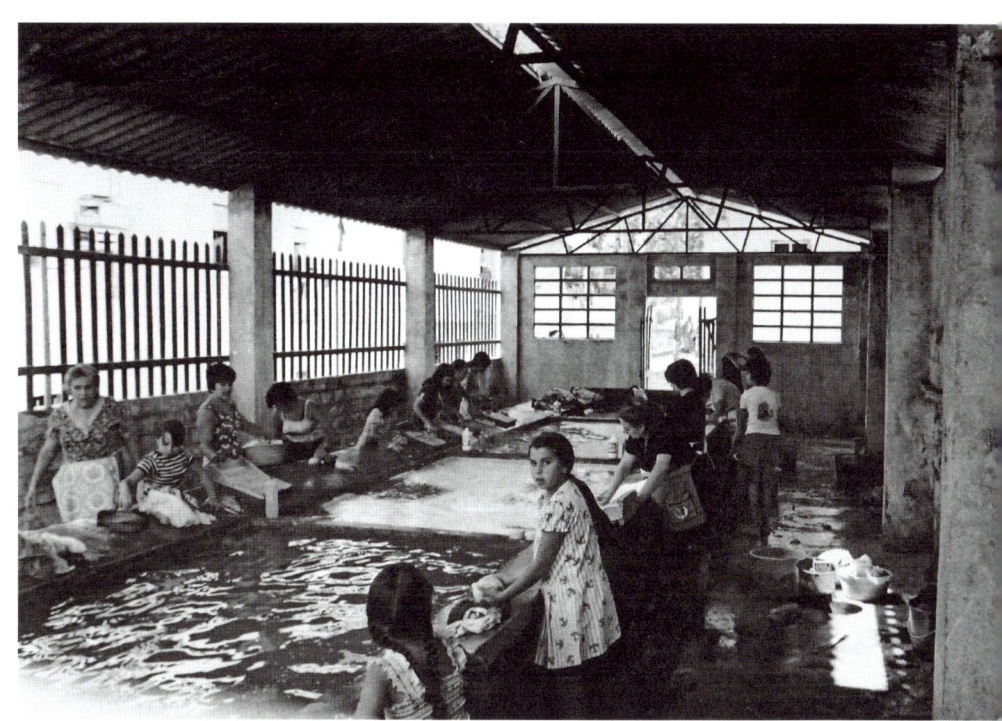

Criatures del Verdun   1969   Niños y niñas del Verdun

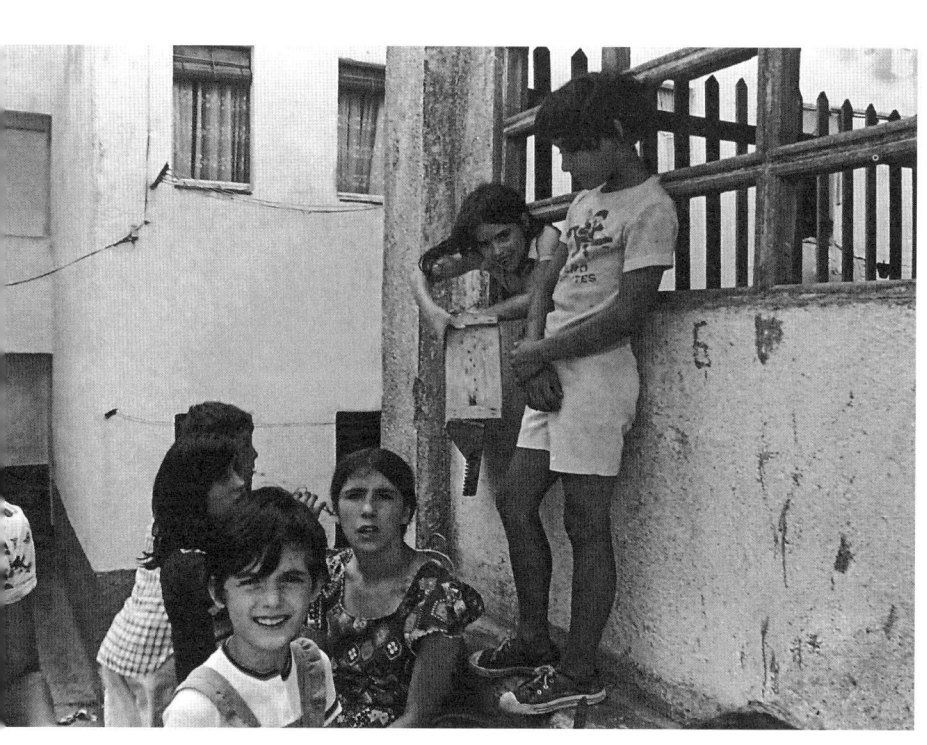

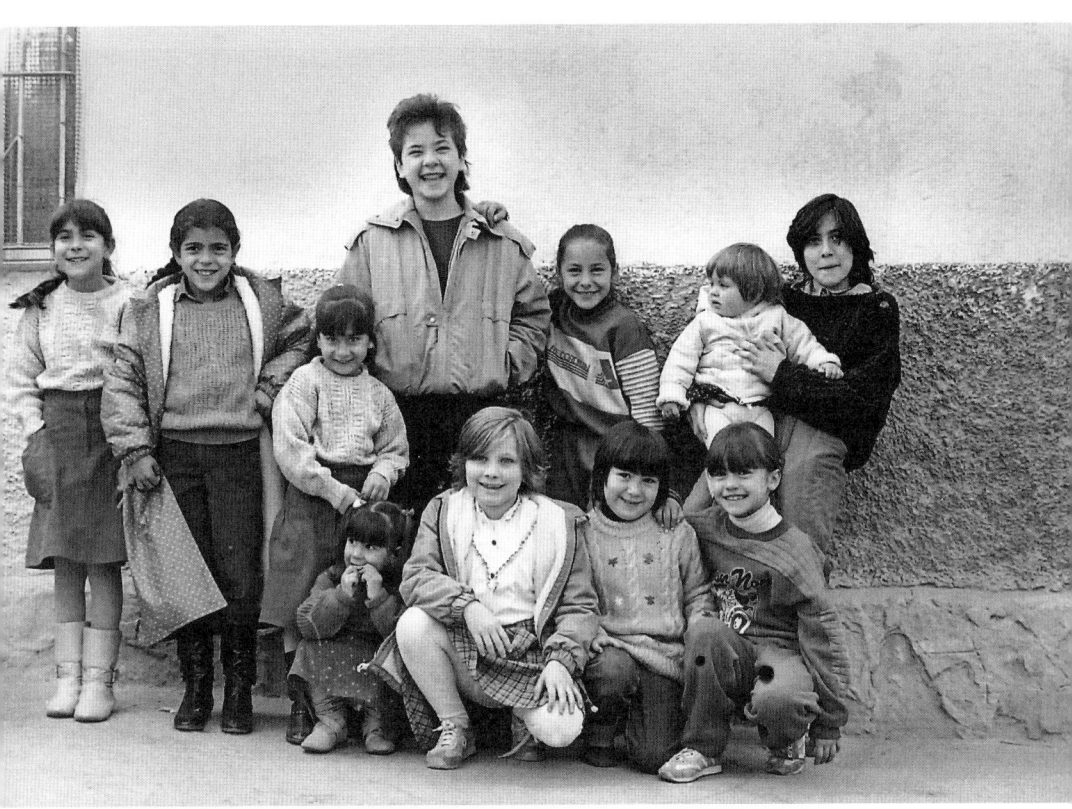

Amics del Ginés assajant teatre. Ginés Cuesta, d'esquena en primer terme, aparta un nen que tapava el pla del fotògraf

1962-64

Amigos de Ginés ensayando teatro. Ginés Cuesta de espaldas en primer término, aparta a un niño que tapaba el plano del fotógrafo

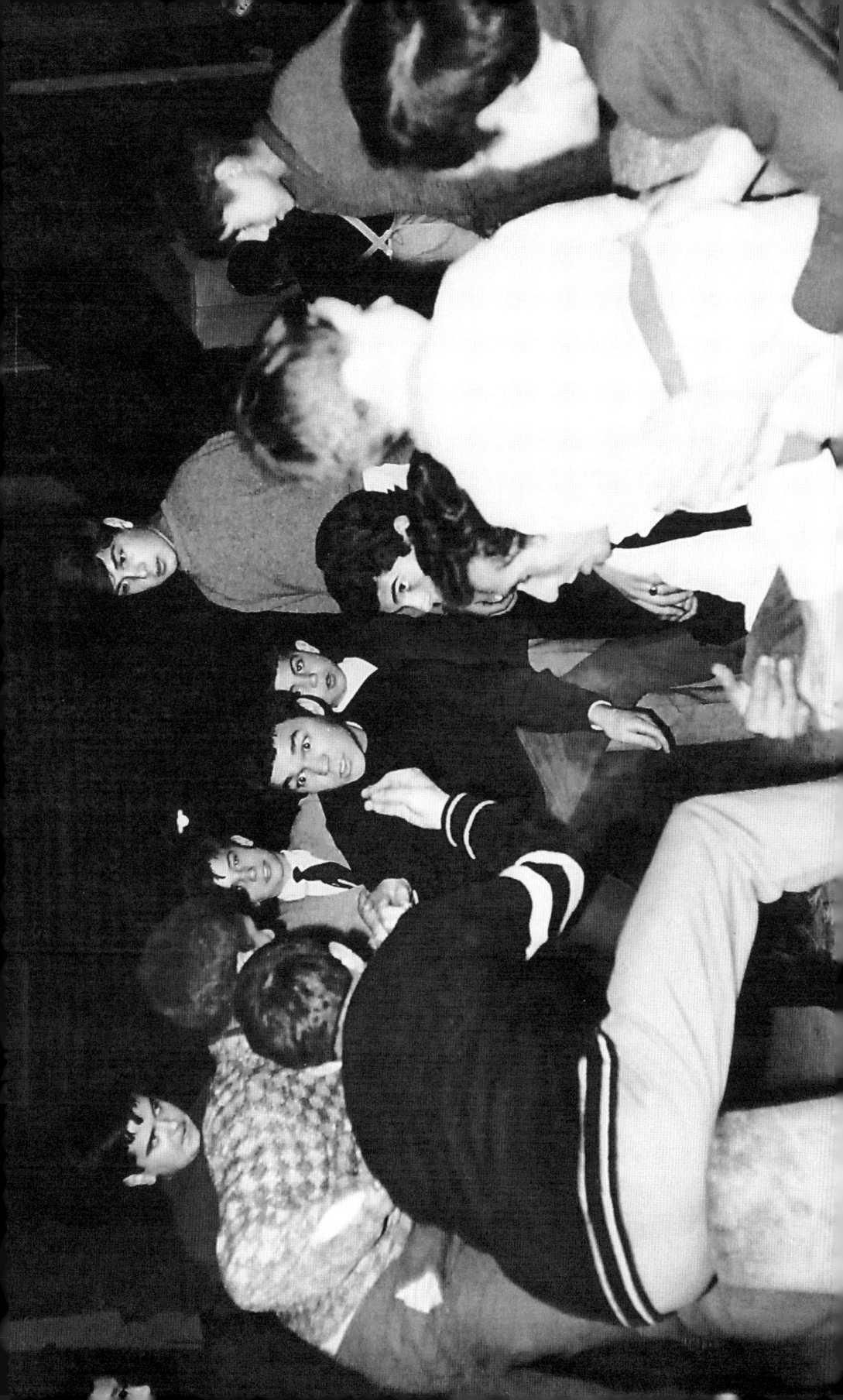

44

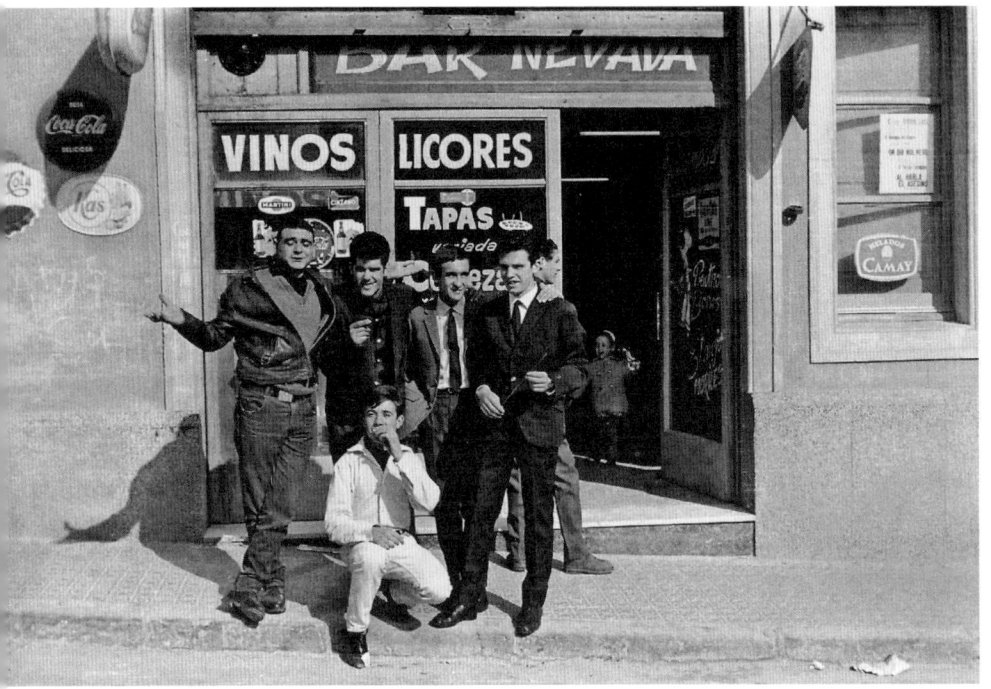

El Ginés i alguns dels seus "amiguetes" del barri   1964   Ginés y algunos de sus "amiguetes" del barrio

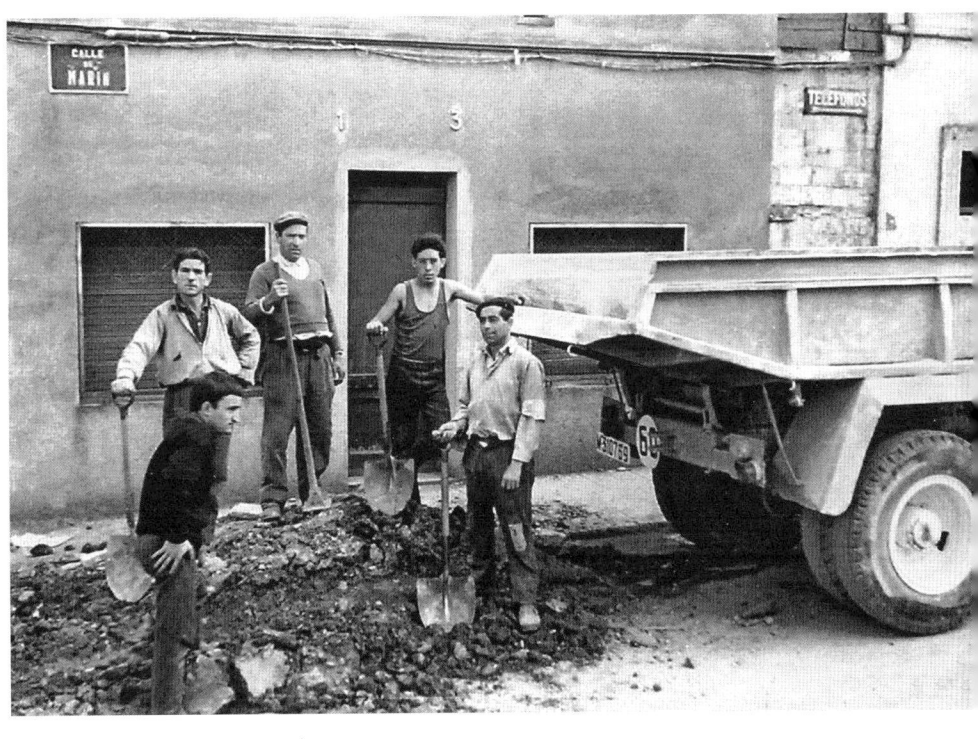

bres al clavegueram del carrer de Marín   1976   Obras en el alcantarillado de la calle de Marín

Una dona del barri   1974   **Una mujer del barrio**

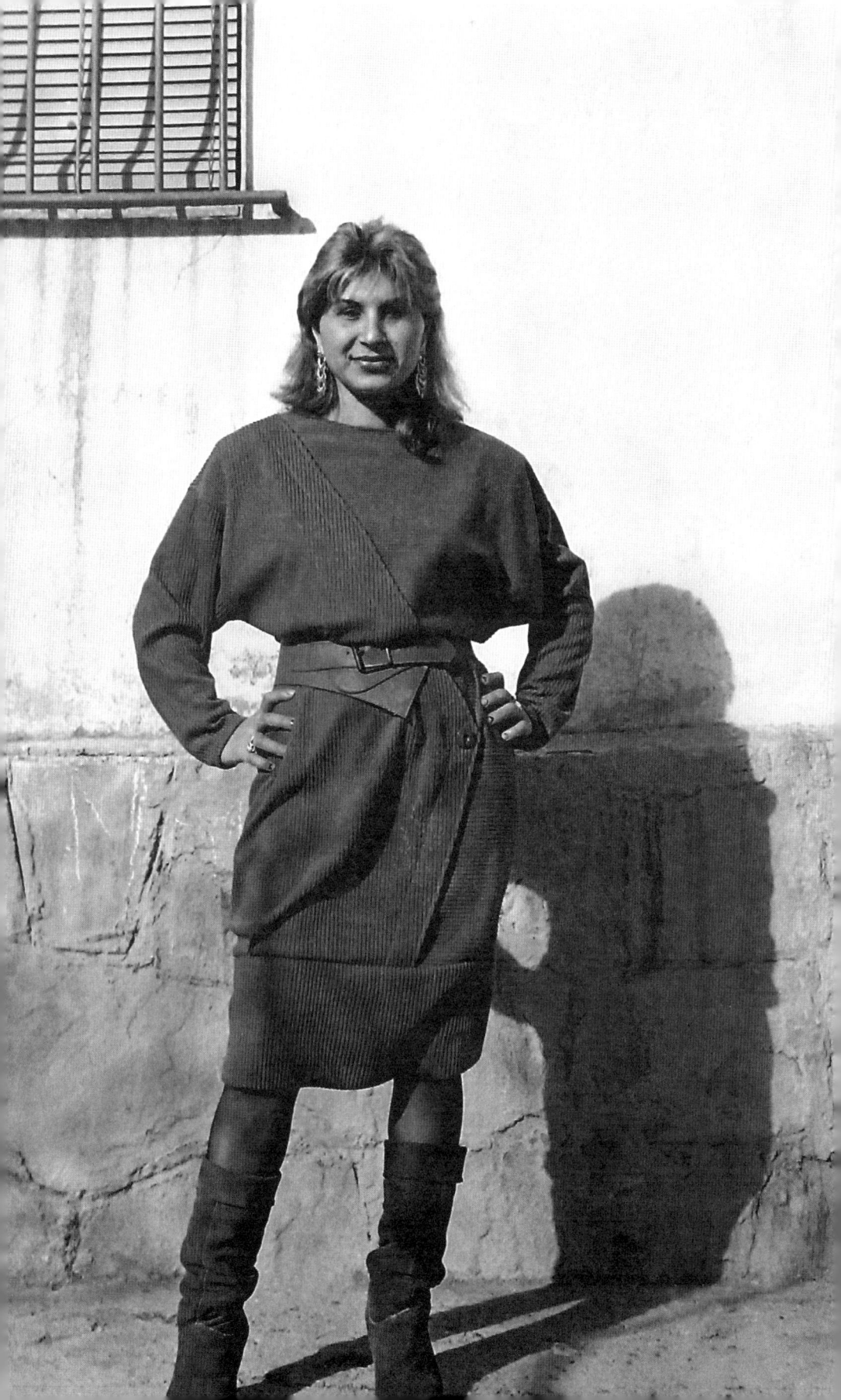

Veïnes jugant al parxís al carrer de Góngora   1968   Vecinas jugando al parchís en la calle de Góngora

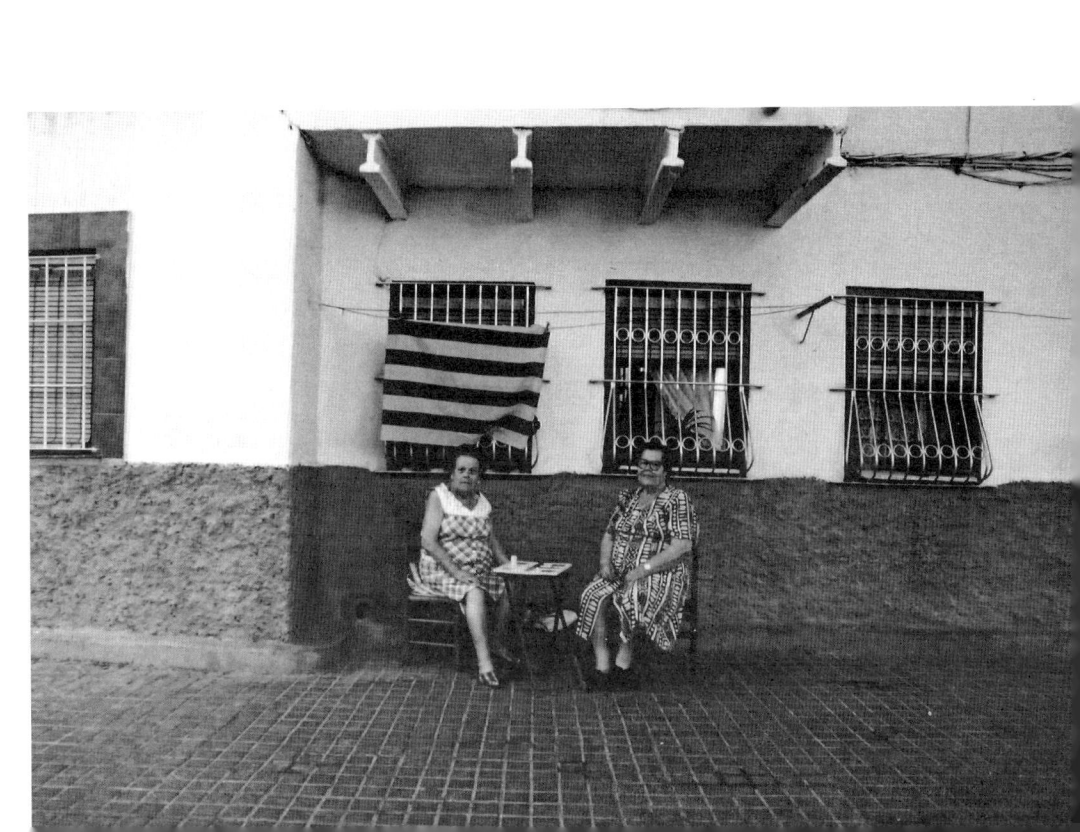

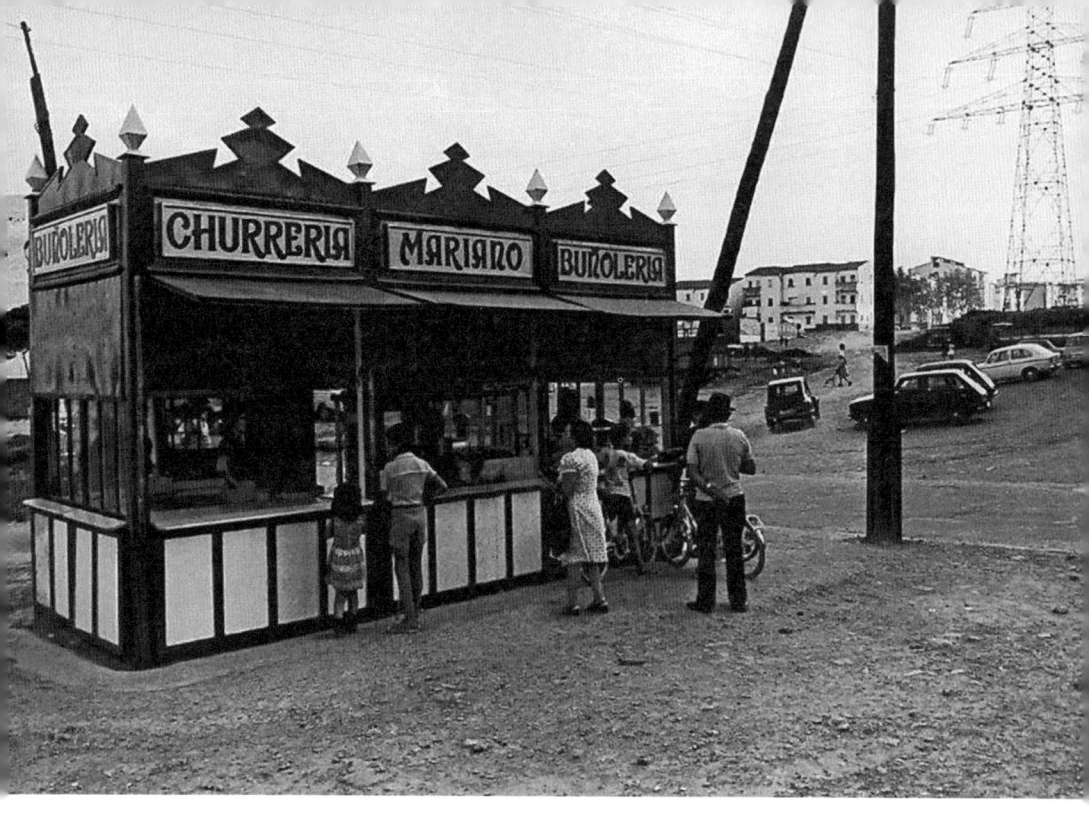

rreria Mariano, a la via Favència, per
 anys a venir passaria la ronda de Dalt

1969 Churrería Mariano, en la Vía Favència, por
donde años después pasaría la ronda de Dalt

A la moto, Manuel Murcia,   1968   En la moto, Manuel Murcia,
famós sindicalista del barri   famoso sindicalista del barrio

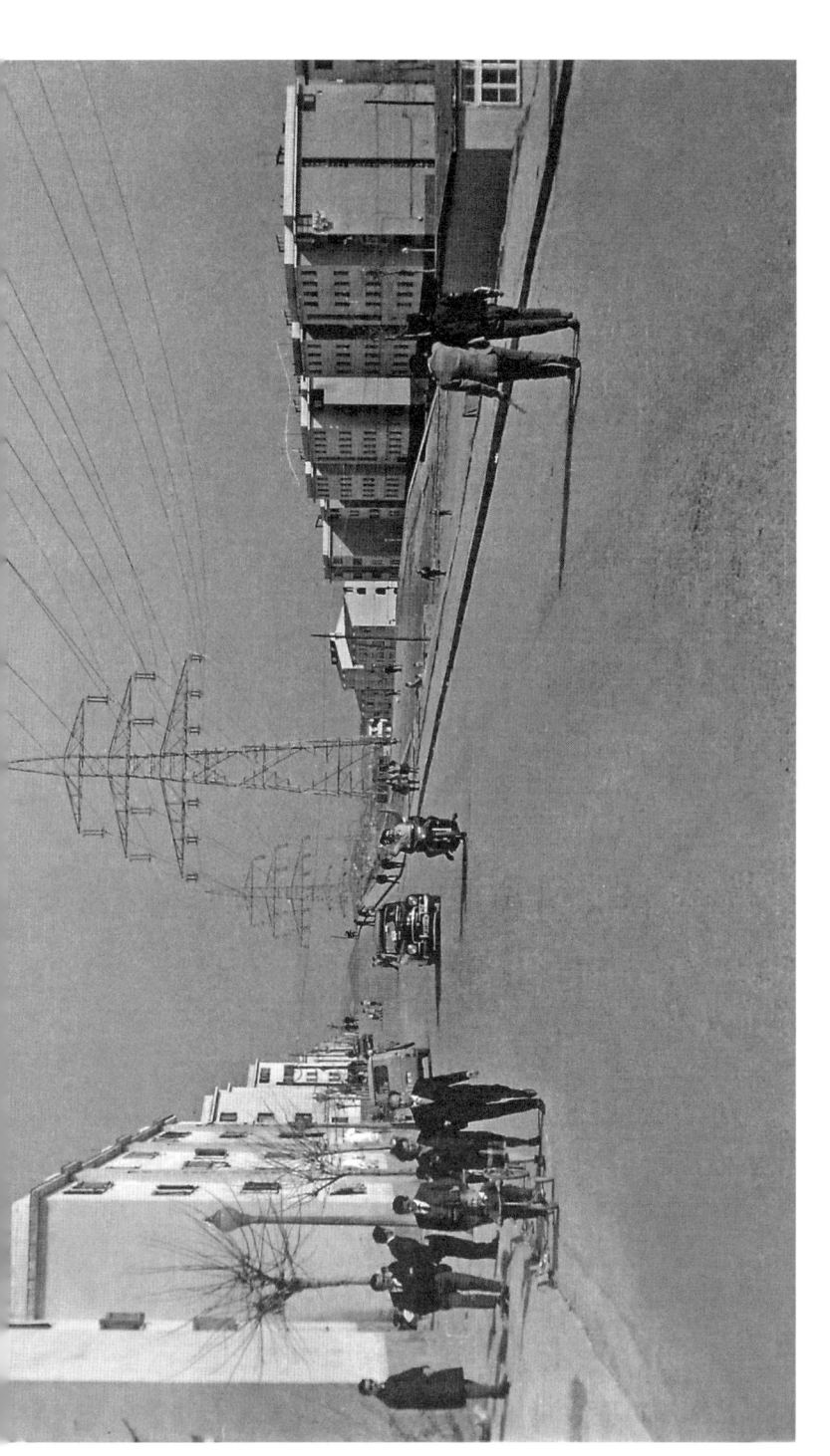

Tram final de la via Favència; al fons,   1968   Tramo final de la Vía Favència; al fondo,
Santa Coloma de Gramenet   Santa Coloma de Gramenet

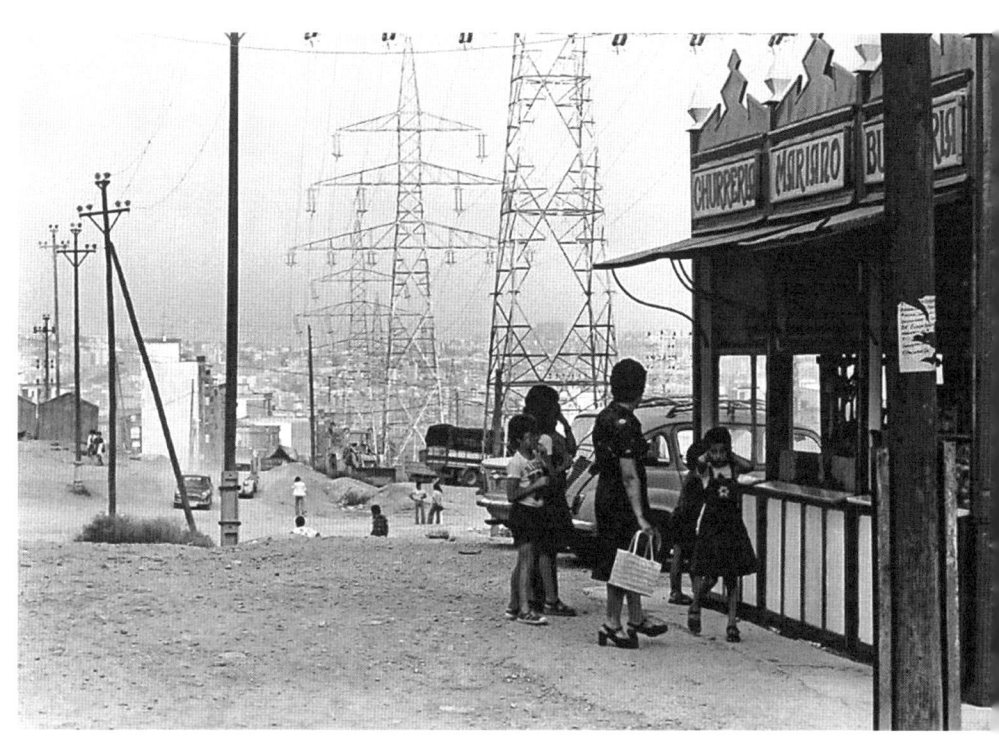

Carrer de Jaume Pinent   ca. 1974   Calle de Jaume Pinent

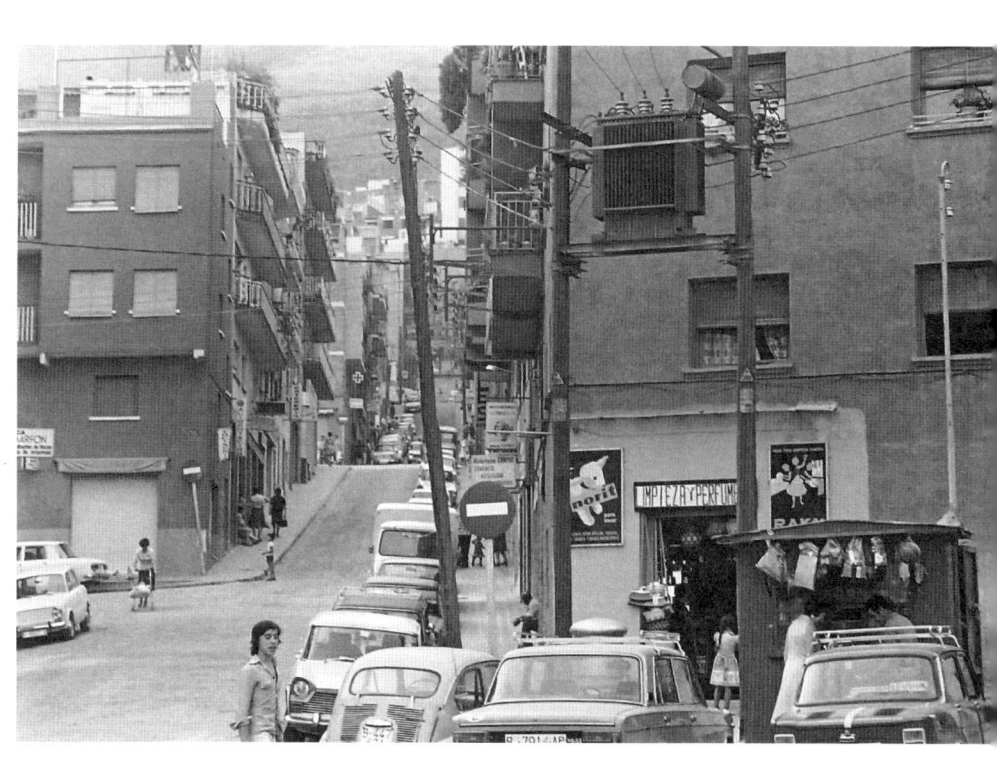

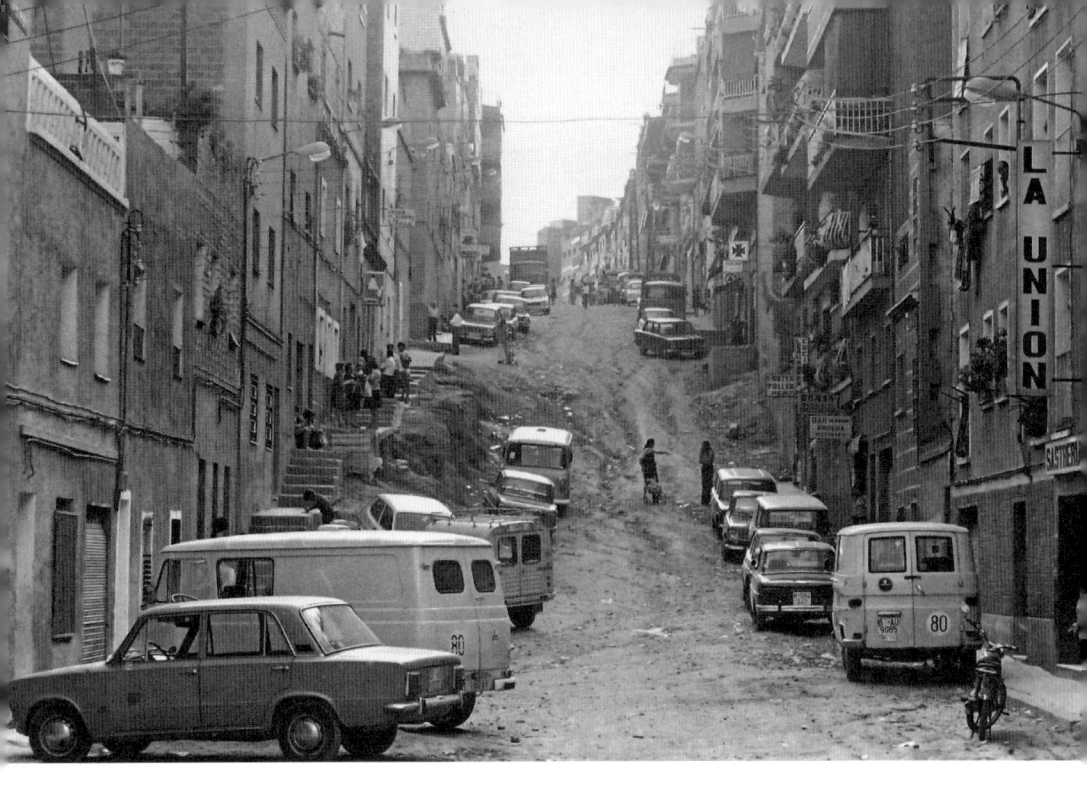

rrer de Simancas   ca. 1974   Calle de Simancas

Comprant llaminadures   1968   Comprando chuches

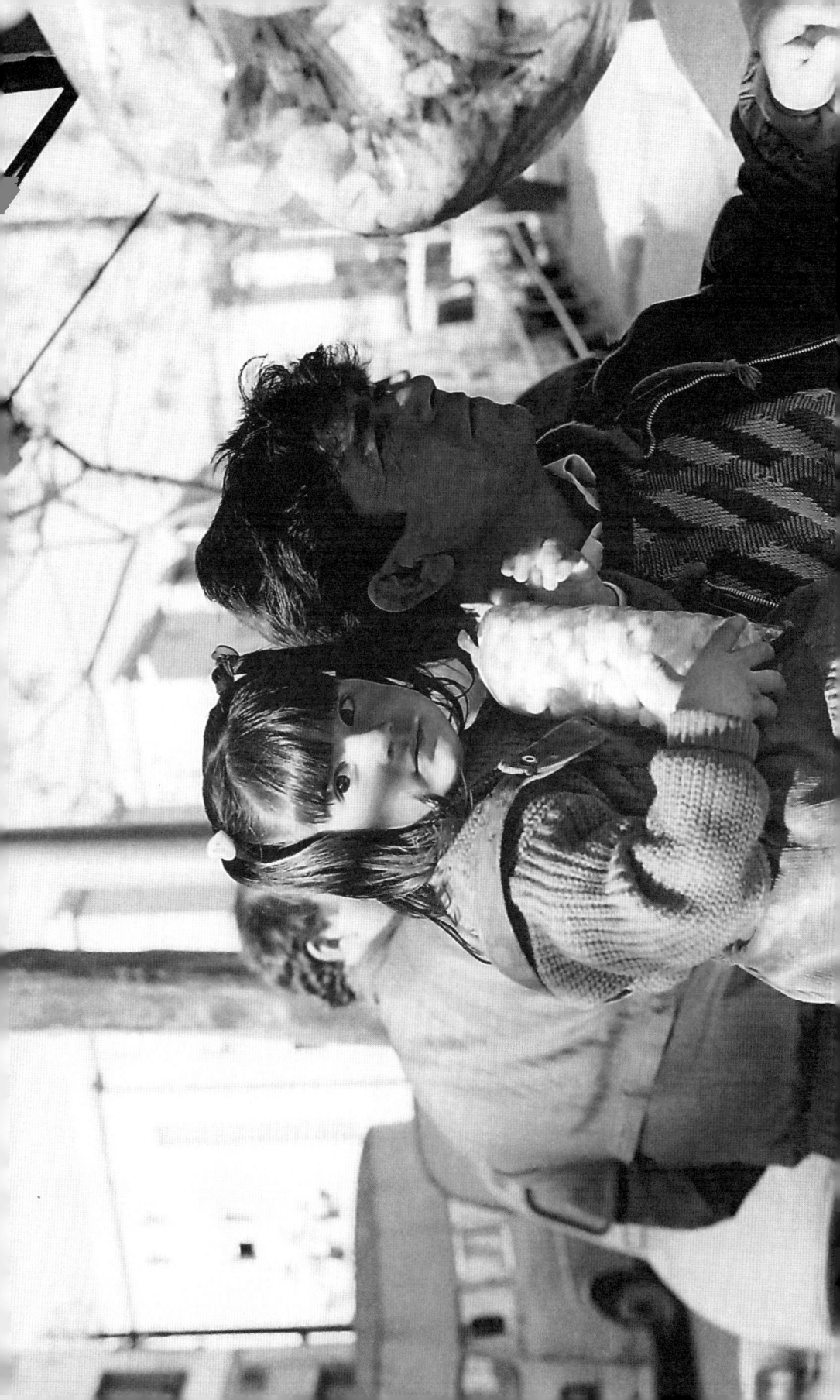

Pujant el carrer d'Almansa; al fons, les cases
de l'Organización Sindical del Hogar

1969

Subiendo la calle de Almansa; al fondo, las casas
de la Organización Sindical del Hogar

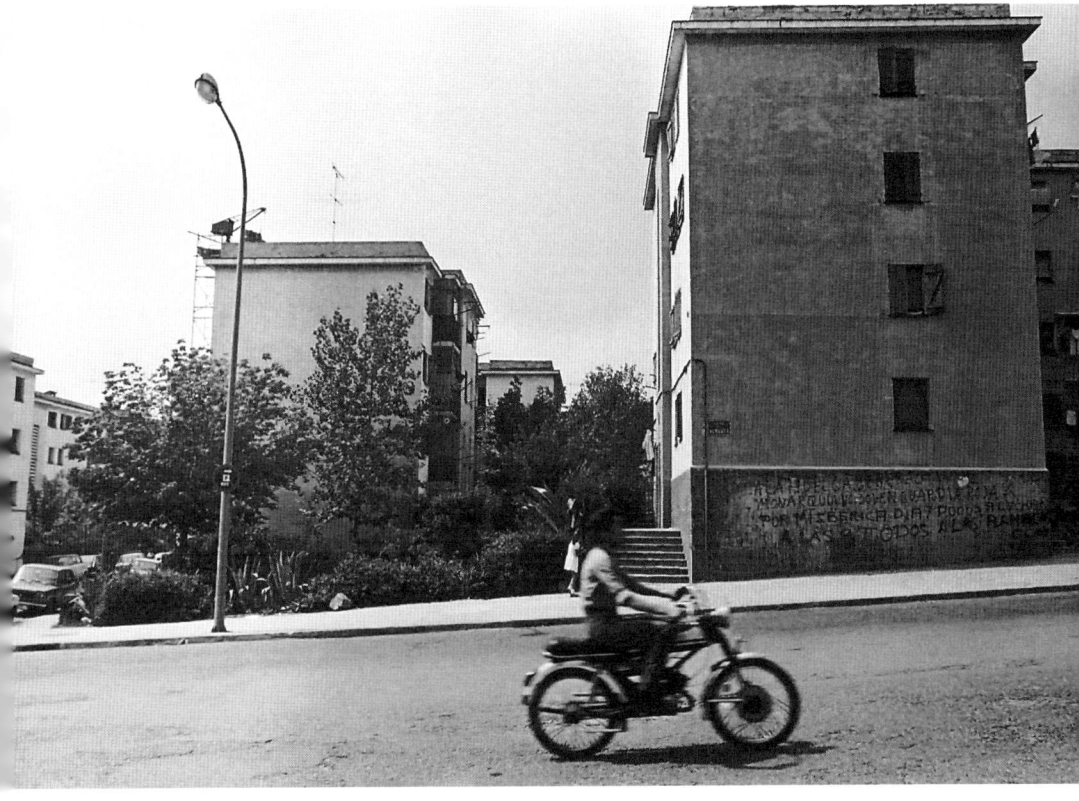

Vivendes del Governador   1965   Viviendas del Gobernador

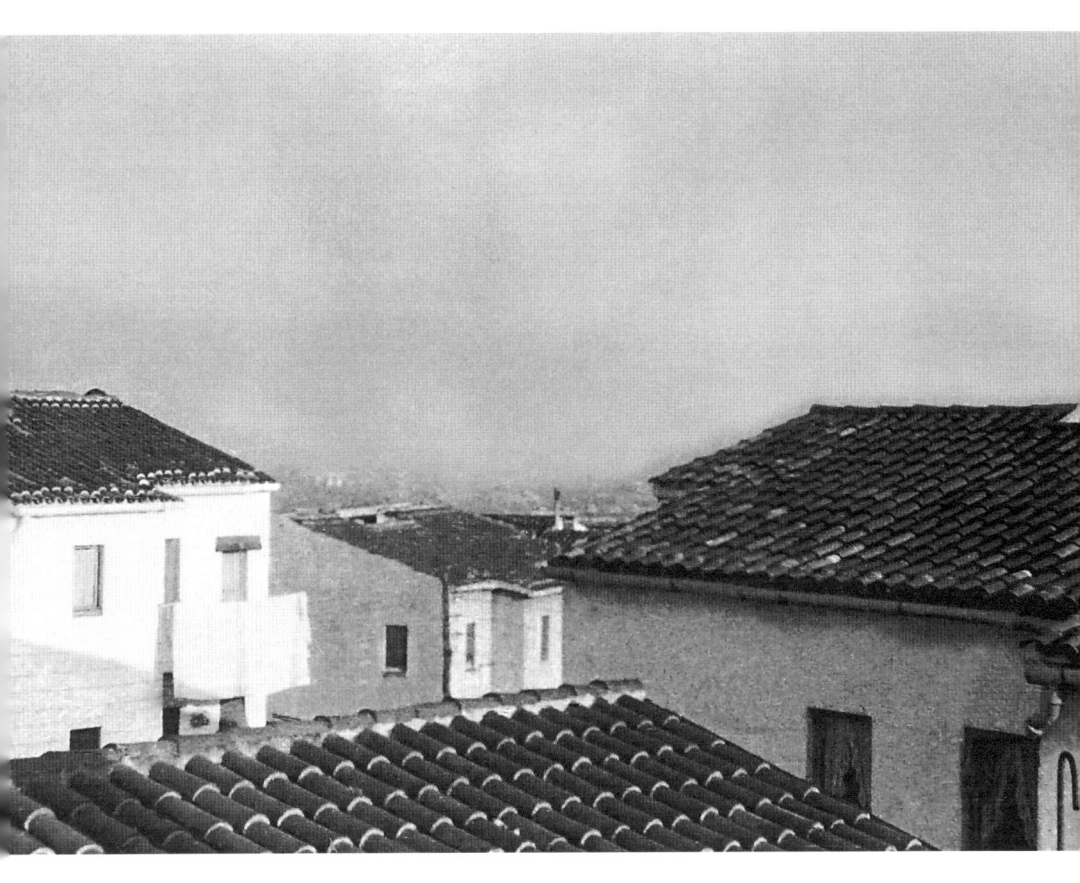

Panoràmica amb les Vivendes
del Governador i les del sindicat

1974

Panorámica con las Viviendas
del Gobernador y las del sindicato

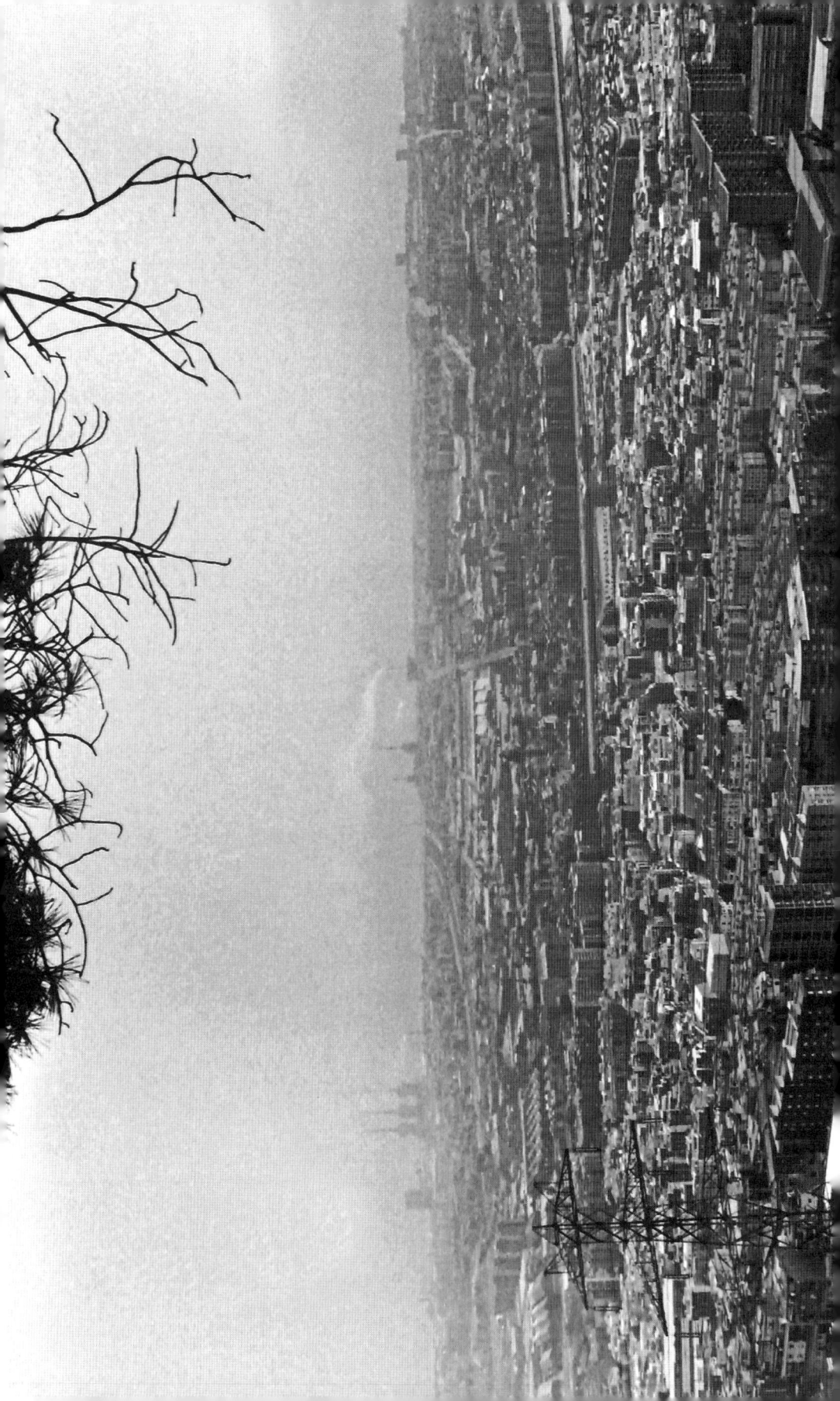

Tornar a començar

El 1965, a Ginés Cuesta li toca de fer la mili. El destinen a la marina de guerra espanyola. Va passar dos anys fent el servei militar obligatori. Quan torna a Barcelona, no pot recuperar cap de les feines anteriors.

"Em vaig trobar desplaçat i vaig embarcar-me en un petrolier que feia la ruta del golf Pèrsic. Tot i que duia la meva càmera Kodak Retina, no podia fer fotos, era un vaixell mig pirata que navegava amb bandera de conveniència. Havia passat tres anys navegant i vaig abandonar el vaixell als Estats Units. Vaig treballar a Boston, en un poble lluny de la ciutat, al restaurant La Casa Vasca. Allò era molt avorrit. Vaig anar cap a Nova York, on moltes nits vaig dormir al metro i al carrer. Tot i que estava indocumentat, vaig aconseguir feina a diversos restaurants. El darrer on vaig treballar va ser davant el Rockefeller Center. Després de tres anys i malgrat que guanyava diners, vaig tornar. Em trobava sol.

Quan vaig arribar a Barcelona em vaig sentir tan estranger com m'hi havia trobat als Estats Units. Gairebé no tinc sentit de pertinença i és la fotografia la que m'arrela al lloc.

He hagut de començar moltes vegades des de zero, i té el seu encant."

Després de dos anys de mili, tres anys embarcat i tres anys més als Estats Units, torna a Barcelona, vuit anys després, el 1973. La ciutat respira un altre aire.

"Entro en contacte amb el professor de fotografia Jordi Peñarroja i em converteixo en el seu ajudant. De fet, va ser el meu mestre. M'instaŀlo a viure a casa d'ell, a Ciutat Vella, molt a la vora de la Rambla i de la plaça Reial. Aprenc laboratori, on hi ha l'ànima de la fotografia. És al laboratori on es cuina la foto. És un procés de misteri i, com a tal, m'atreu. Revelar negatius a les fosques comporta introduir la peŀlícula a l'espiral on entra en contacte amb el líquid. És un procés tàctil, emocionant.

Fins que no es revela el negatiu vius en un estat de sorpresa. No és fins a aquell moment que veus el que has fet durant el dia. El treball al laboratori és una part apassionant de la fotografia creativa."

Instal·lat a Ciutat Vella, els seus passejos professionals i personals transiten pel centre de la ciutat. La Rambla, com a eix vertebrador, no només dels barris propers, també de la gent de Barcelona. La sortida del metro a la Rambla dona inici al recorregut visual de Ginés Cuesta. Ben d'hora al matí, als quioscos es desfan els paquet d'exemplars dels diaris i es munta la parada. La Boqueria ja fa unes quantes hores que ha començat a desplegar la seva activitat que es manté durant tot el dia.
La Rambla, amb el pas de les hores, és un formiguer. No hi ha ni una sola cadira lliure. En solitari o en grup es mira passa la gent i s'inicien converses.

"La Rambla ho ha estat tot per a mi, professionalment, sentimentalment. Des que vaig trepitjar-la per primera vegada, sempre l'he sentit com un riu, un riu sec, una riera. Tots aquells rius nascuts a Collserola confluïen a la Rambla. La Rambla és l'únic carrer de Barcelona que no ha estat mai, ni un sol minut, sense gent. Les 24 hores del dia, a la Rambla hi ha gent."

En qualsevol moment el plàcid passeig es trastoca. Són els darrers anys de la dictadura. Centenars, milers de persones irrompen en l'esdevenir quotidià del passeig per convertir-se en tribuna política El Ginés fa fotos i li recomanen que estudiï fotografia. Amb el títol oficial, aconseguirà el carnet de periodista, que li evitarà problemes amb la policia quan l'aturen en més d'una ocasió per fer fotografies en el moment de la intervenció policial.
Ginés Cuesta es matricula a la primera escola pública d'imatge, EMAV —Escola de Mitjans Audiovisuals de Barcelona—, finançada per l'Ajuntament de Barcelona, al carrer del Paradís, darrere de la catedral a tocar d'allà on viu. La posen en marxa la germana i el germà Serra Estruch. En Peñarroja també hi col·labora. El Ginés ha adquirit un equip de filmació de 16 mil·límetres i aconsegueix diversos treballs per fer documentals.

"Vaig fer una sèrie de documentals per a l'Aliança. Vaig documentar totes les seus que la institució tenia en diverses ciutats de Catalunya. A banda dels documentals també vaig treballar per diverses editorials, Teide, Juris; feia fotografies per a llibres de text i altres encàrrecs editorials."

La Rambla és un poti-poti de botigues, basars, cases de canvi de moneda, *souvenirs*. I al capdavall de la Rambla, al Portal de Sant Madrona, les casetes del mercat del llibre d'ocasió, creat el 1902 i a punt de ser traslladat al carrer de la Diputació entre Balmes i Enric Granados.

"Anava amunt i avall de la Rambla tot el dia. Em passejava i mirava. Teníem un projecte editorial sobre la Rambla, en Peñarroja i jo. Finalment, el llibre no es va publicar.

Un dels dies que passejava per la Rambla, buscant imatges per al llibre, em trobo cara a cara amb la fotògrafa ambulant. Ens reconeixem professionalment. Sempre he fet les fotos sense que em mirin, però la fotògrafa va captar la mirada del fotògraf. Una mena de *rifirrafe* de carrer, es va establir entre els dos. Havia delimitat, a través d'una petita catifa, quin era el seu espai de feina. De cap manera volia interposar-m'hi. Tots dos ens buscàvem la vida al carrer."

"El lloc condiciona el que estem veient, pel que és, pel que hi ha, pel que passa. La Rambla és un lloc màgic per la proximitat del mar, se sent l'olor del mar quan camines per la Rambla. Com a mariner, la barreja de la sal i el petroli és un còctel especial. Passava molts cops al dia per la Rambla i quan l'has vista molts cops, a força de mirar-la entres en detalls. És com una novel·la, com més vegades la llegeixes, n'aprecies més els detalls."

I finalment, el mar. Al Ginés li agrada el mar i els blocs prefabricats deixats anar al mar per contenir-lo. Són pura geometria, els blocs. I sobre els blocs, la gent.

"La geometria és la base de l'estètica i la llum ajuda a interpretar. Al capvespre, la llum intervé sobre els cossos, els embelleix. Geometria i llum són a la base de la creació. I la gent esdevé el moviment i atorga vida al carrer, al passeig. El carrer, la ciutat amb la gent està viva. Sempre hi ha algú que acompanya la foto."

Els reportatges es pagaven bé.

"Vaig contactar amb *Interviú* i els vaig oferir de fer un reportatge sobre Ketama, en la ruta de l'haixix al Marroc. M'hi vaig passar mesos, fent el reportatge. M'interessava tot el procés, des de la plantació fins al final. Al tornar, tan sols van publicar quatre fotografies de paisatge. No es van atrevir a informar i mostrar el que havia fet. Em vaig quedar sense diners, em vaig vendre l'equip de filmació, i vaig haver de canviar de xip. No podia viure exclusivament de la fotografia. Havia de buscar un altre *modus operandi*. I vaig treballar de pintor."

Volver a empezar

En 1965, a Ginés Cuesta le toca hacer la mili. Lo destinan a la marina de guerra española, donde pasa dos años haciendo el servicio militar obligatorio. Cuando regresa a Barcelona, no puede recuperar ninguno de sus trabajos anteriores.

"Me encontré desplazado, así que me embarqué en un petrolero que hacía la ruta del golfo Pérsico. Aunque llevaba mi cámara Kodak Retina, no podía hacer fotos, era un barco medio pirata que navegaba con bandera de conveniencia. Estuve tres años navegando y abandoné el barco en los Estados Unidos. Trabajé en Boston, en un pueblo alejado de la ciudad, en el restaurante La Casa Vasca. Aquello era muy aburrido. Fui a Nueva York, donde muchas noches dormí en el metro y en la calle. Pese a estar indocumentado, conseguí trabajo en varios restaurantes. El último en el que trabajé estaba frente al Rockefeller Center. Después de tres años, y aunque ganaba dinero, regresé. Me encontraba solo.

Cuando volví a Barcelona me sentí tan extranjero como me había sentido en los Estados Unidos. Casi no tengo sentido de pertenencia y es la fotografía la que me enraíza al lugar.

He tenido que empezar muchas veces de cero, y tiene su encanto".

Tras dos años de mili, tres años embarcado y tres años más en los Estados Unidos, regresa a Barcelona ocho años después, en 1973. La ciudad respira otro aire.

"Entro en contacto con el profesor de fotografía Jordi Peñarroja y me convierto en su ayudante. De hecho, fue mi maestro. Me instalo a vivir en su casa, en Ciutat Vella, muy cerca de La Rambla y de la plaza Reial. Aprendo laboratorio, donde está el alma de la fotografía. Es en el laboratorio donde se cocina la foto. Es un proceso de misterio y, como tal, me atrae. Revelar negativos a oscuras implica introducir la película en la espiral donde entra en contacto con el líquido. Es un proceso táctil, emocionante. Hasta que no se revela el negativo vives en un estado de sorpresa. No es hasta ese momento que ves lo que has hecho durante el día. El trabajo en el laboratorio es una parte apasionante de la fotografía creativa".

Instalado en Ciutat Vella, sus paseos profesionales y personales transitan por el centro de la ciudad. La Rambla, como eje vertebrador, no solo de los barrios próximos, también de la gente de Barcelona. La salida del metro a La Rambla da inicio al recorrido visual de Ginés Cuesta. Muy temprano por la mañana, en los quioscos se desempaquetan los ejemplares de los periódicos y se monta el puesto. La Boqueria ya hace unas cuantas horas que ha empezado a desplegar su actividad, que se mantiene durante todo el día.

La Rambla, con el paso de las horas, es un hormiguero. No hay ni una sola silla libre. En solitario o en grupo, se observa pasar a la gente y se inician conversaciones.

"La Rambla lo ha sido todo para mí, profesionalmente, sentimentalmente. Desde que la pisé por primera vez, siempre la he sentido como un río, un río seco, una riera. Todos aquellos ríos nacidos en Collserola confluían en La Rambla. La Rambla es la única calle de Barcelona que no ha estado nunca, ni un solo minuto, sin gente. Las 24 horas del día, en La Rambla hay gente".

En cualquier momento el plácido paseo se trastoca. Son los últimos años de la dictadura. Centenares, miles de personas irrumpen en el devenir cotidiano del paseo para convertirse en tribuna política. Ginés hace fotos y le recomiendan que estudie fotografía. Con el título oficial conseguirá el carné de periodista, que le evitará problemas con la policía cuando lo paran en más de una ocasión por tomar fotografías en el momento de la intervención policial.

Ginés Cuesta se matricula en la primera escuela pública de imagen, EMAV (Escuela de Medios Audiovisuales de Barcelona) financiada por el Ayuntamiento de Barcelona, en la calle del Paradís, detrás de la catedral y muy cerca de donde vive. La ponen en marcha la hermana y el hermano Serra Estruch. Peñarroja también colabora. Ginés ha adquirido un equipo de filmación de 16 milímetros y consigue varios trabajos para hacer documentales.

"Hice una serie de documentales para la Aliança. Documenté todas las sedes que la institución tenía en distintas ciudades de Cataluña. Aparte de los documentales, también trabajé para varias editoriales, Teide, Juris; hacía fotografías para libros de texto y otros encargos editoriales.

La Rambla es un batiburrillo de tiendas, bazares, casas de cambio de moneda, *souvenirs*. Y al final de La Rambla, en el portal de Santa Madrona, las casetas del mercado del libro de ocasión, creado en 1902 y a punto de ser trasladado a la calle de la Diputació entre Balmes y Enric Granados.

"Iba arriba y abajo de La Rambla todo el día. Me paseaba y miraba. Teníamos un proyecto editorial sobre La Rambla, Peñarroja y yo. Finalmente, el libro no se publicó.

Uno de los días que paseaba por La Rambla, buscando imágenes para el libro, me encuentro frente a frente con la fotógrafa ambulante. Nos reconocemos profesionalmente. Siempre he hecho las fotos sin que me miren, pero la fotógrafa captó la mirada del fotógrafo. Una especie de rifirrafe de calle se estableció entre los dos. Había delimitado, a través de una pequeña alfombra, cuál era su espacio de trabajo. De ningún modo quería interponerme. Los dos nos buscábamos la vida en la calle".

"El lugar condiciona lo que estamos viendo, por lo que es, por lo que contiene, por lo que pasa en él. La Rambla es un sitio mágico por su proximidad al mar, se respira el olor del mar cuando caminas por La Rambla. Como marinero, la mezcla de la sal y el petróleo es un cóctel especial. Pasaba muchas veces al día por La Rambla, y cuando la has visto muchas veces, a fuerza de mirarla entras en detalles. Es como una novela, cuantas más veces la lees, más aprecias sus detalles".

Y finalmente, el mar. A Ginés le gusta el mar, y también los bloques prefabricados soltados en el mar para contenerlo. Son pura geometría, los bloques. Y encima de los bloques, la gente.

"La geometría es la base de la estética, y la luz ayuda a interpretar. Al anochecer, la luz interviene sobre los cuerpos, los embellece. Geometría y luz están en la base de la creación. Y la gente se convierte en el movimiento y otorga vida a la calle, al paseo. La calle, la ciudad con la gente está viva. Siempre hay alguien que acompaña la foto".

Los reportajes se pagaban bien.

"Contacté con *Interviú* y les ofrecí hacer un reportaje sobre Ketama, en la ruta del hachís en Marruecos. Me pasé meses allí, haciendo el reportaje. Me interesaba todo el proceso, desde la plantación hasta el final. Al volver, tan solo publicaron cuatro fotografías de paisaje. No se atrevieron a informar de lo que había hecho ni a mostrarlo. Me quedé sin dinero, vendí mi equipo de filmación y tuve que cambiar de chip. No podía vivir exclusivamente de la fotografía. Tenía que buscar otro *modus operandi*. Y trabajé de pintor".

Entrada a la Rambla des del metro   1976-1977   Entrada a La Rambla desde el metro
de plaça de Catalunya   de plaza de Cataluña

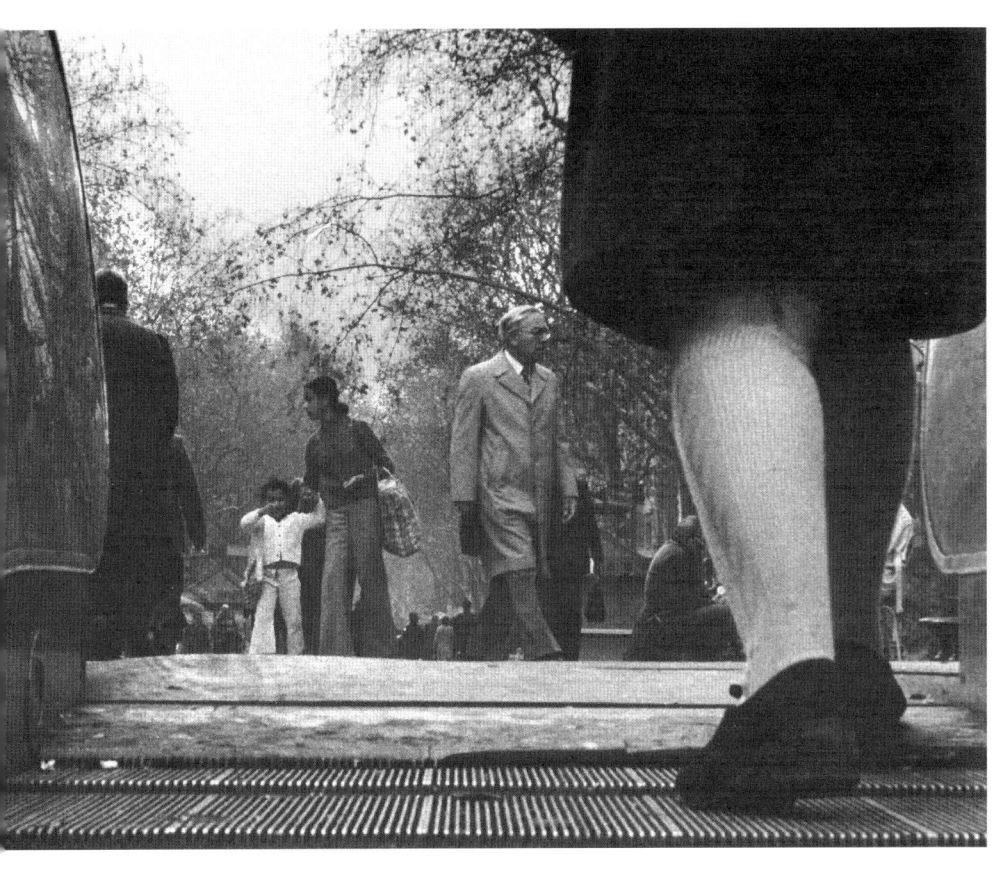

Arribada de la premsa diària 1976-1977 Llegada de la prensa diaria
al quiosc de la Rambla al quiosco de La Rambla

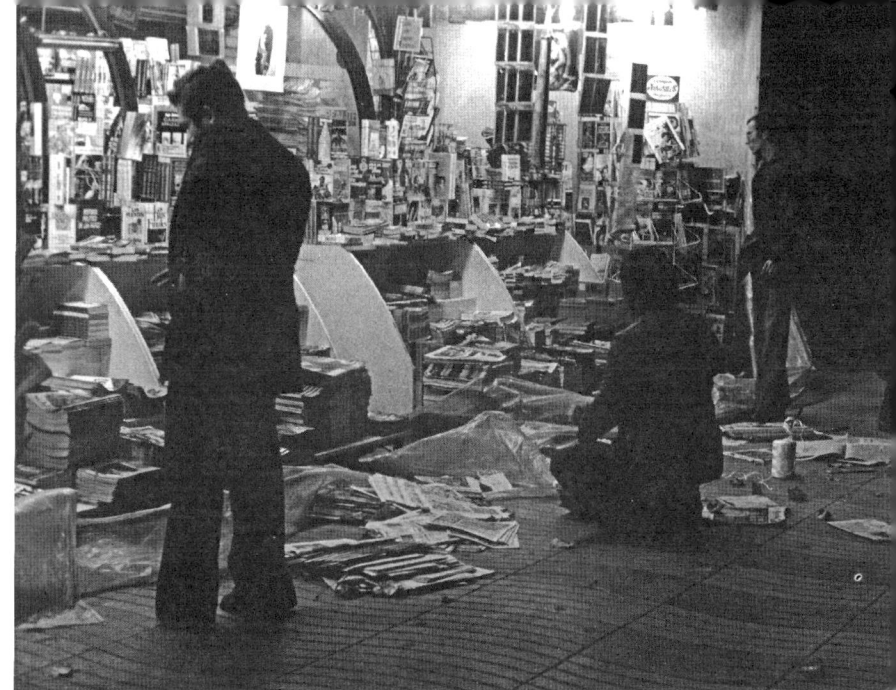

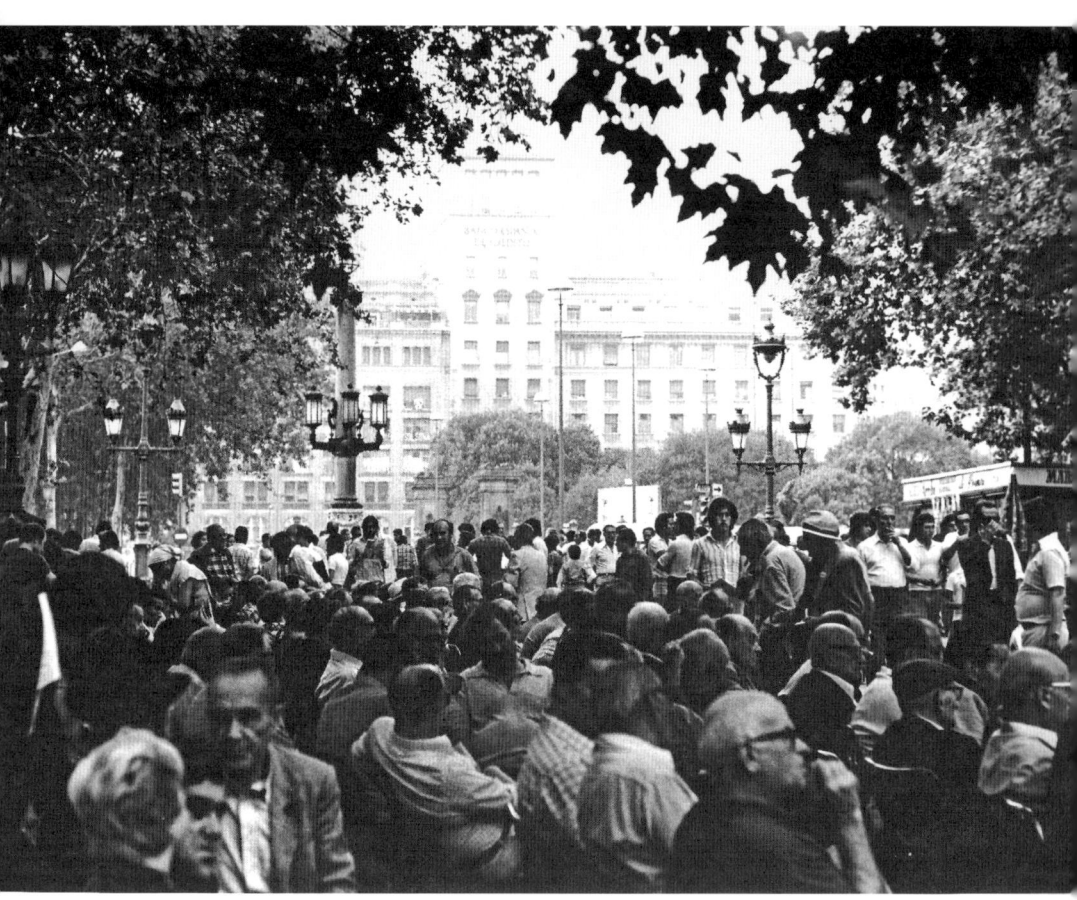

capdamunt de la Rambla   1976-1977   En lo alto de La Rambla

Tram dels ocellaires   1976-1977   Tramo de los pajareros

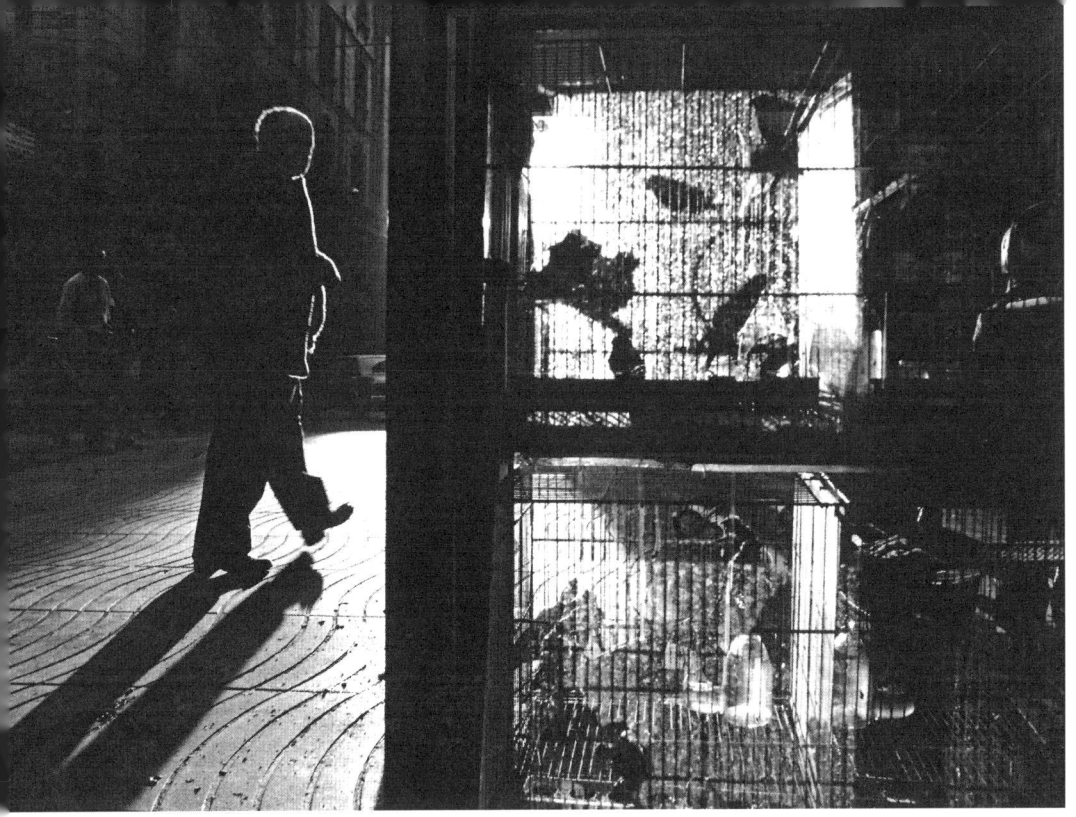

Des d'un portal del carrer de la Portaferrissa   1976-1977   Desde un portal de la calle de la Portaferrissa

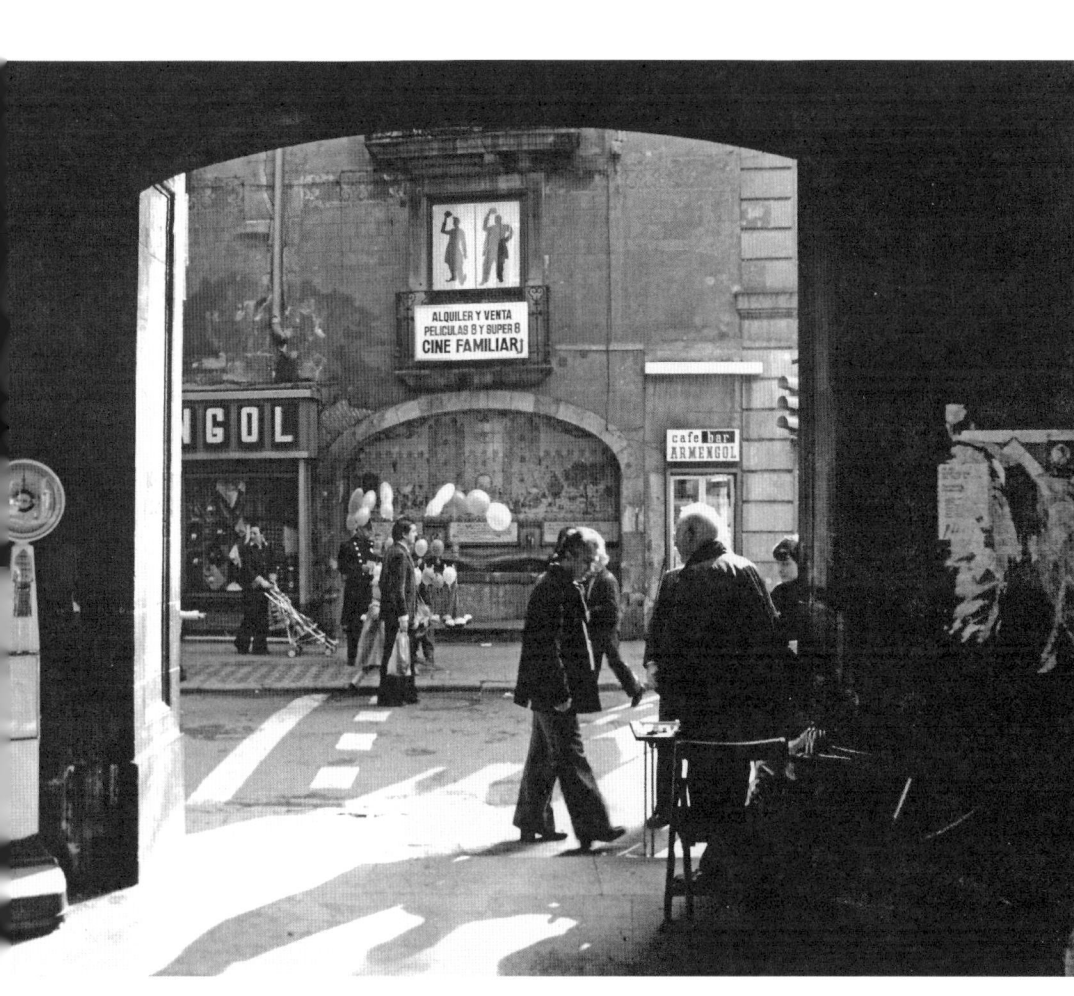

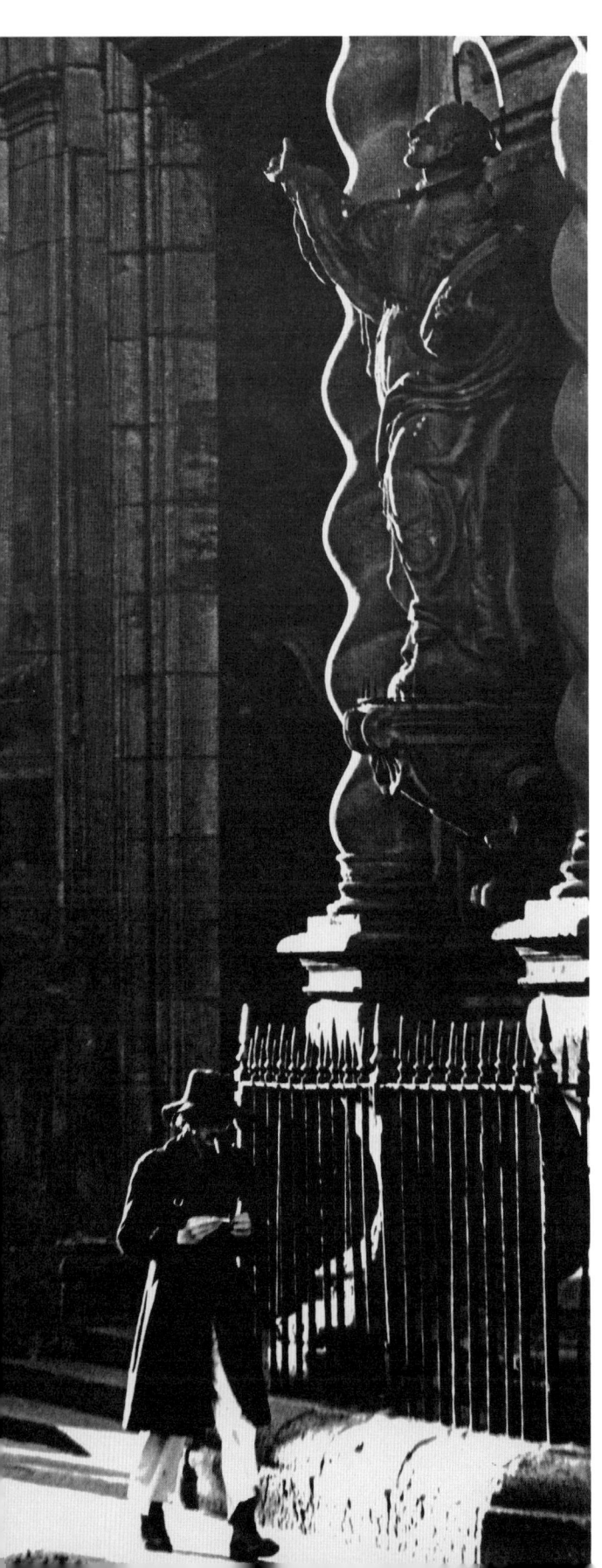

ana de l'església de Betlem. 1976-1977 Fachada de la iglesia de Betlem.
ualment, per allà passava el cantant Casualmente, por allí pasaba el cantante
ol Tramvia d'incògnit Oriol Tramvia de incógnito

Parada de fruites a l'entrada   1976-1977   Puesto de frutas en la entrada
del Mercat de la Boqueria   del Mercado de la Boqueria

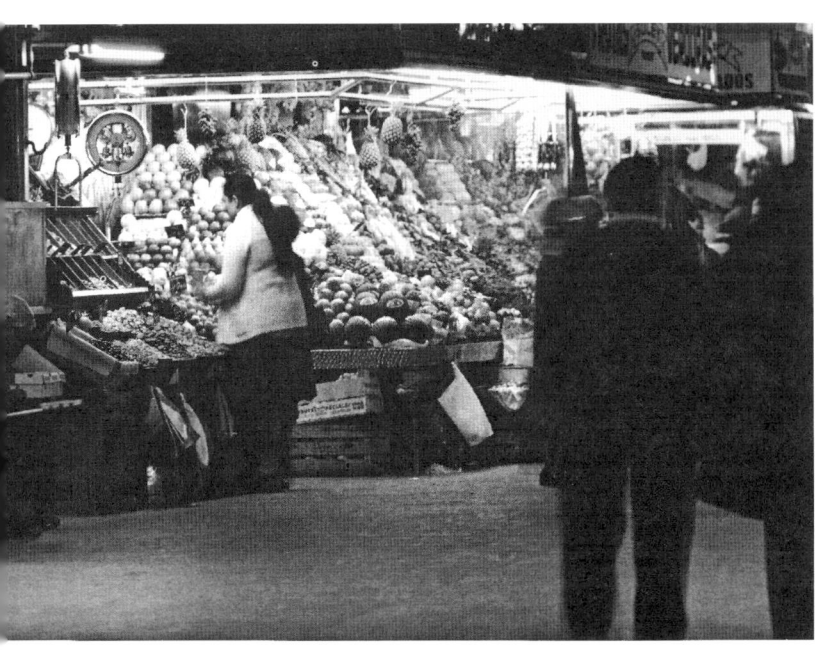

Barra del bar a l'entrada de la Boqueria   1976-1977   Barra del bar en la entrada de la Boqueria

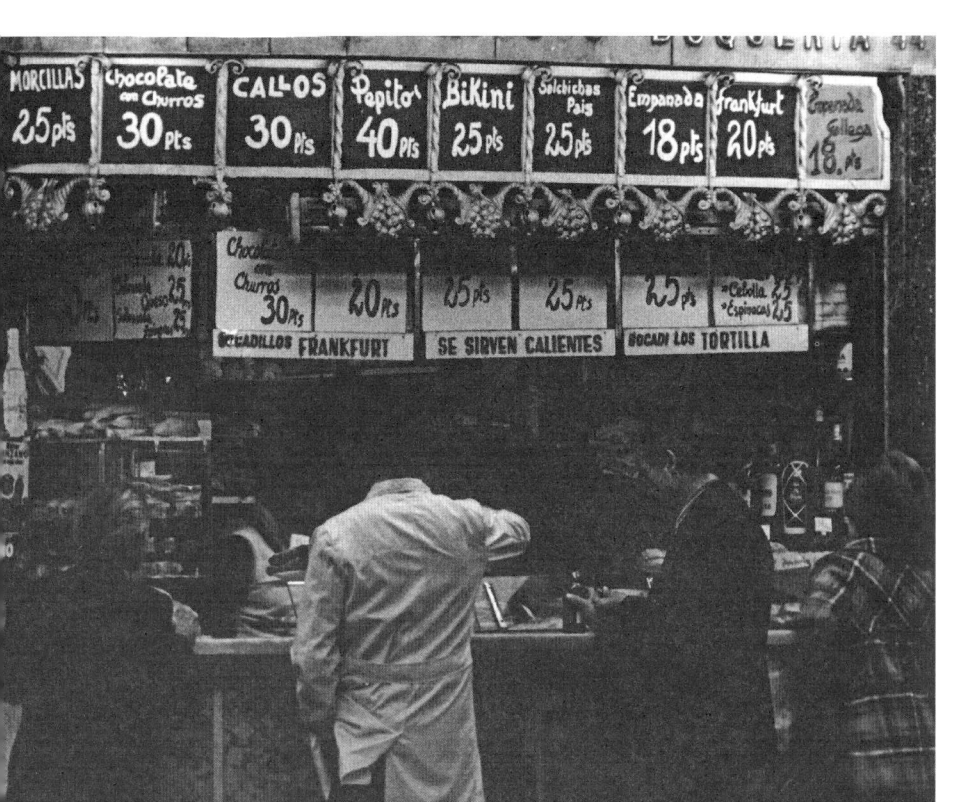

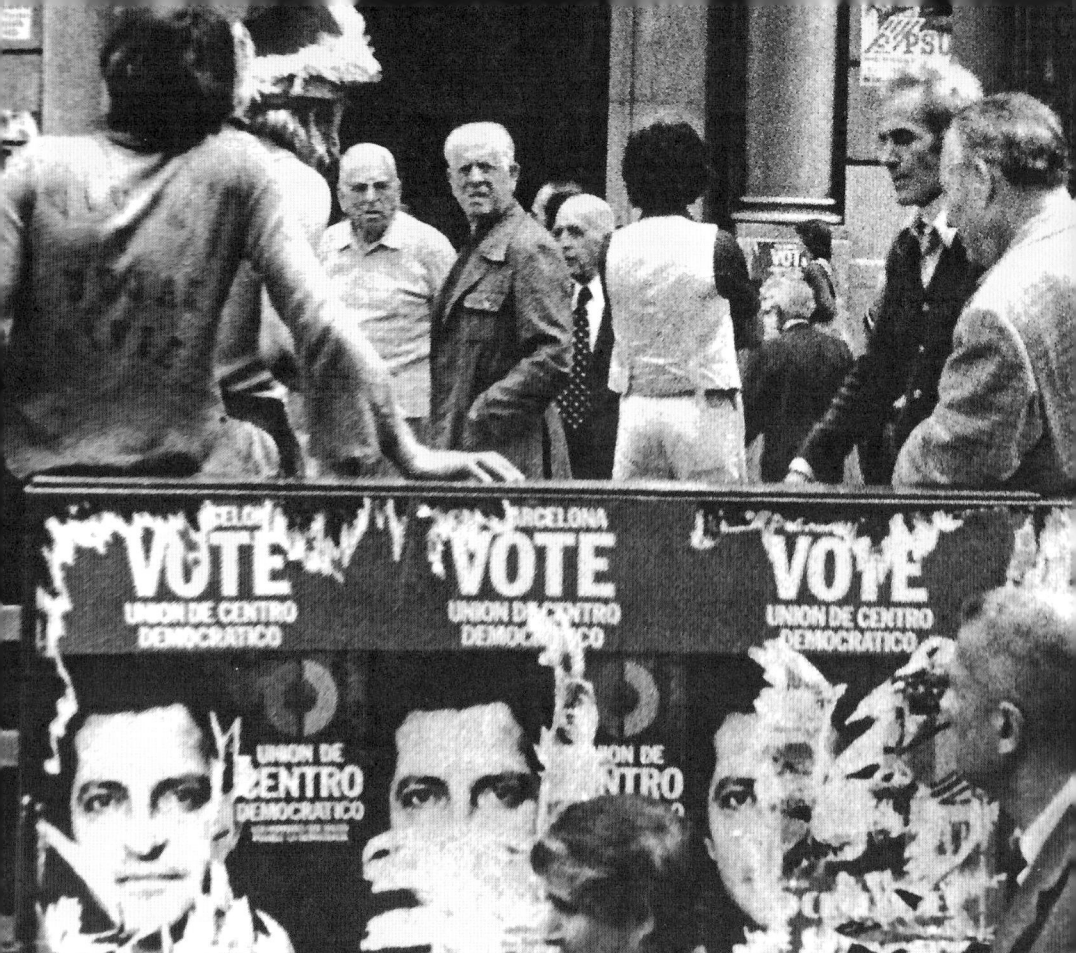

Durant la campanya de les primeres   1977   Durante la campaña de las primeras
eleccions democràtiques d'Espanya   elecciones democráticas de España

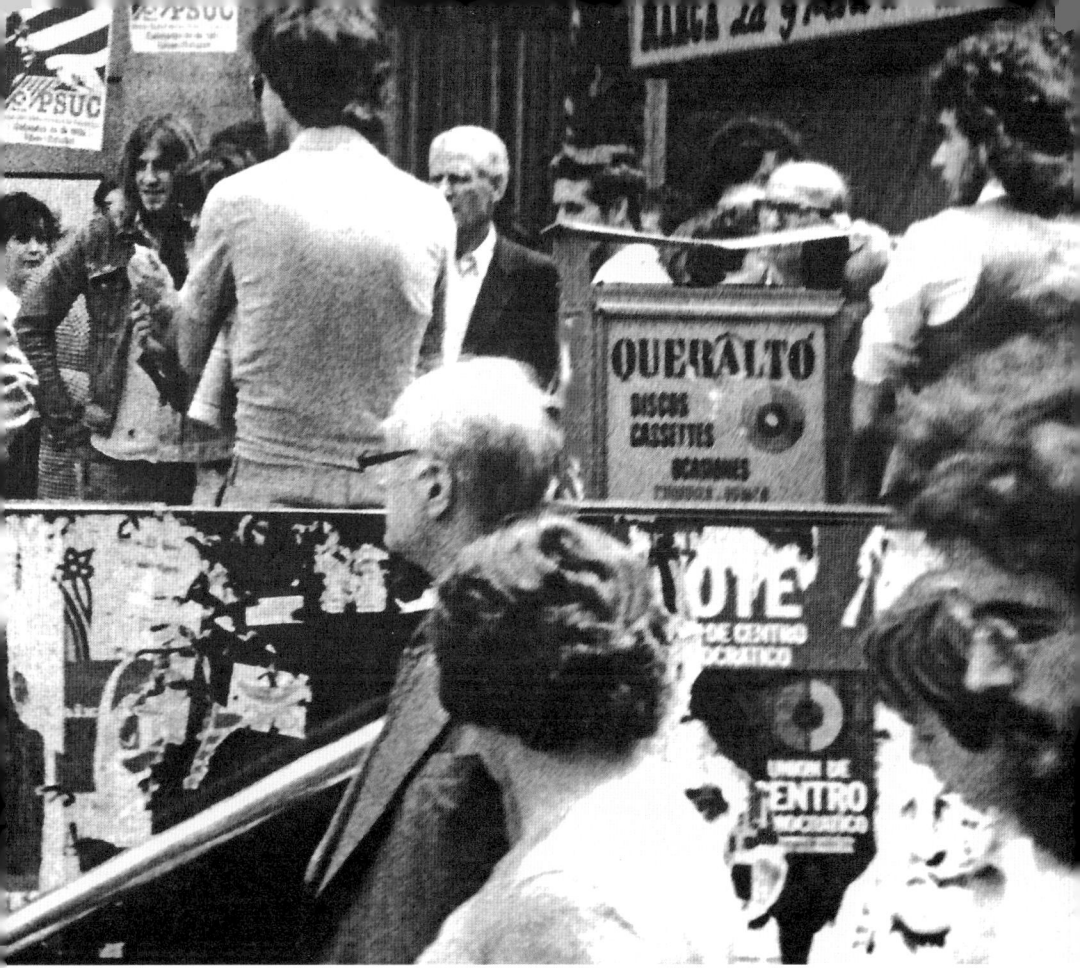

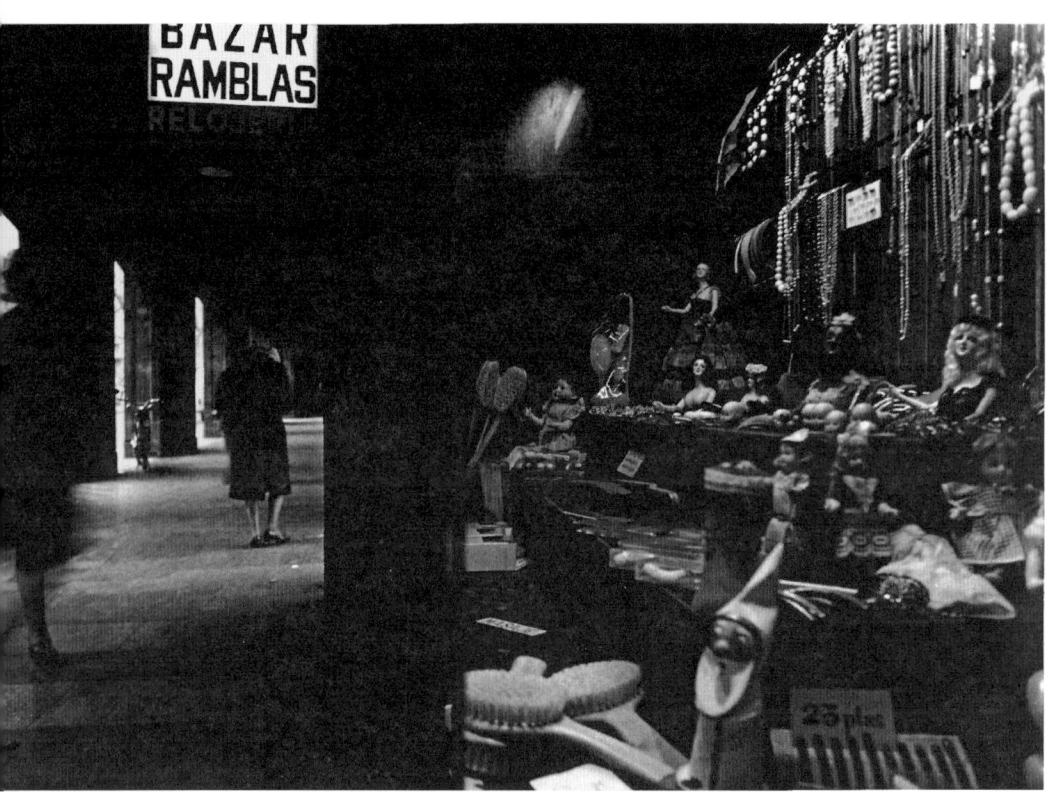

El Bazar Ramblas   1976-1977

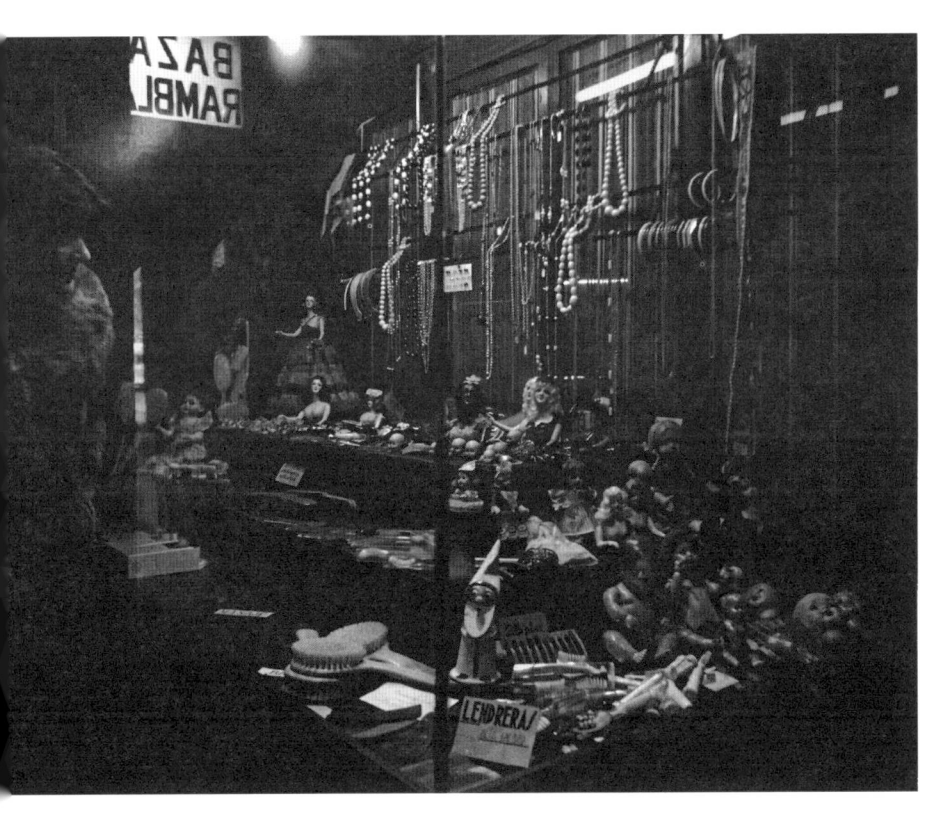

tall de l'aparador del Bazar Ramblas   1976-1977   Detalle del escaparate del Bazar Ramblas

Vidre d'un aparador amb impactes de bala   1976-1977   Cristal de un escaparate con impactos de bala

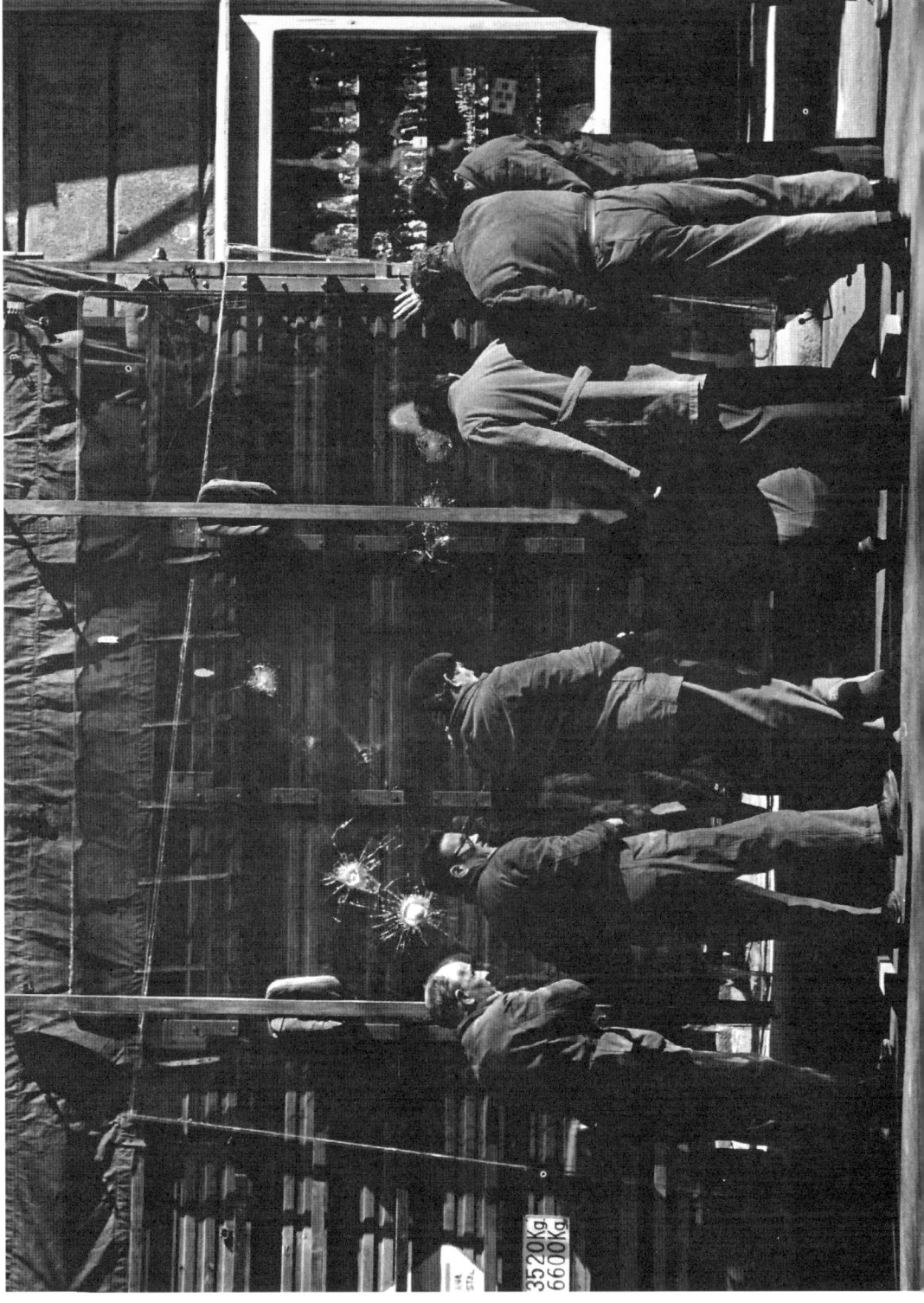

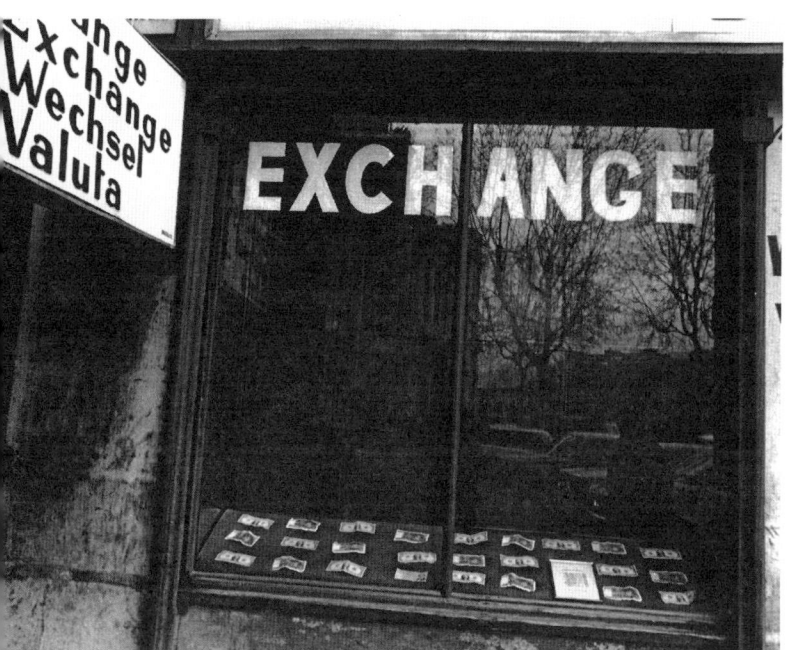

Reflex al vidre de l'aparador   1976-1977   Reflejo en el cristal del escaparate
de la Casa dels Paraigües   de la Casa de los Paraguas

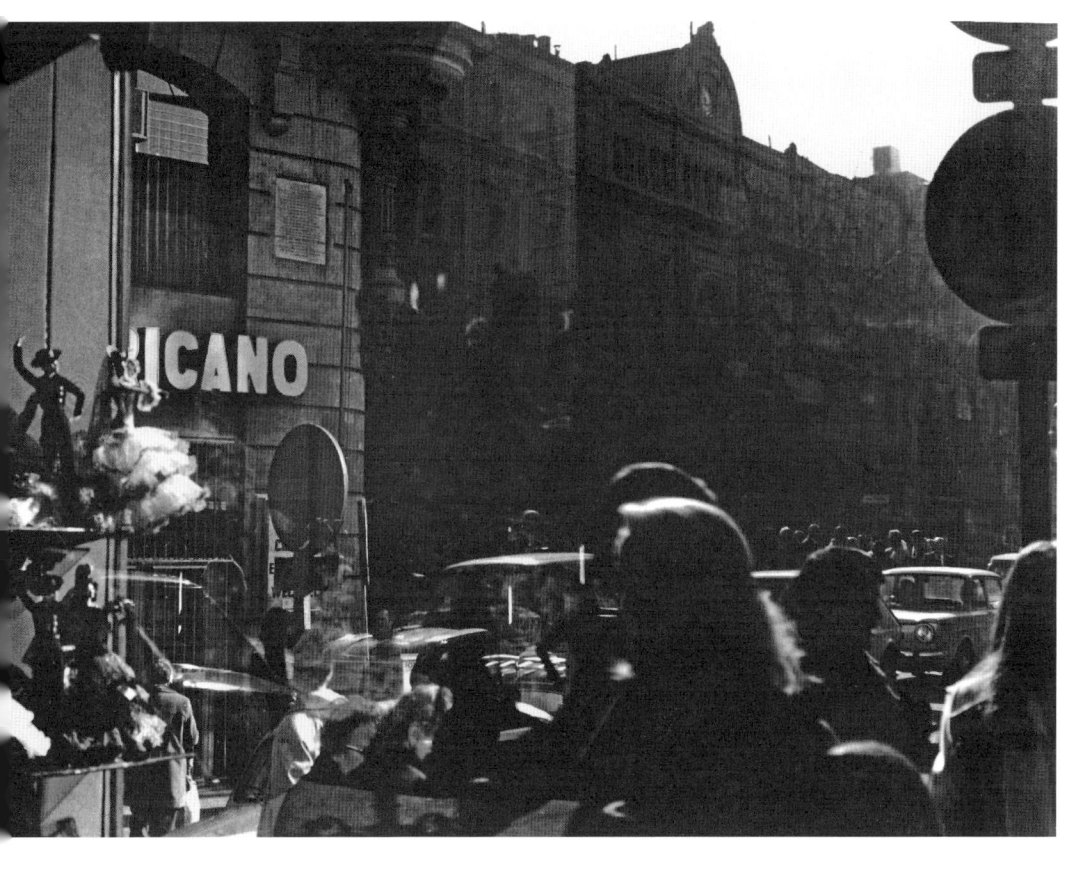

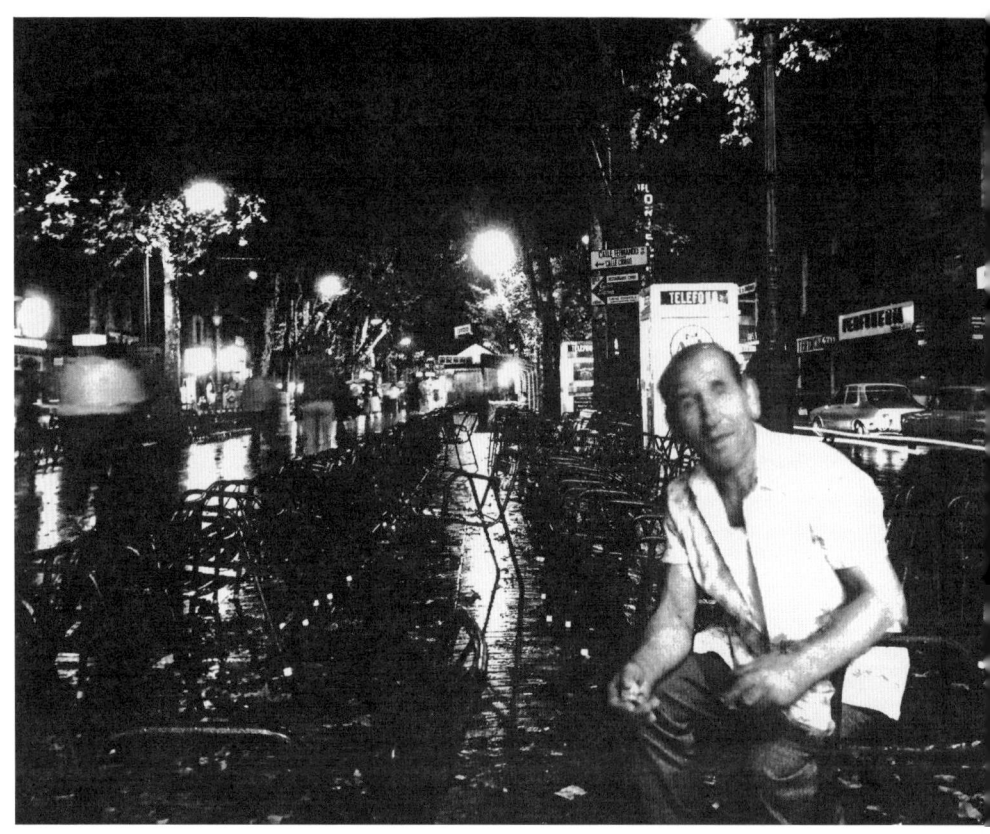

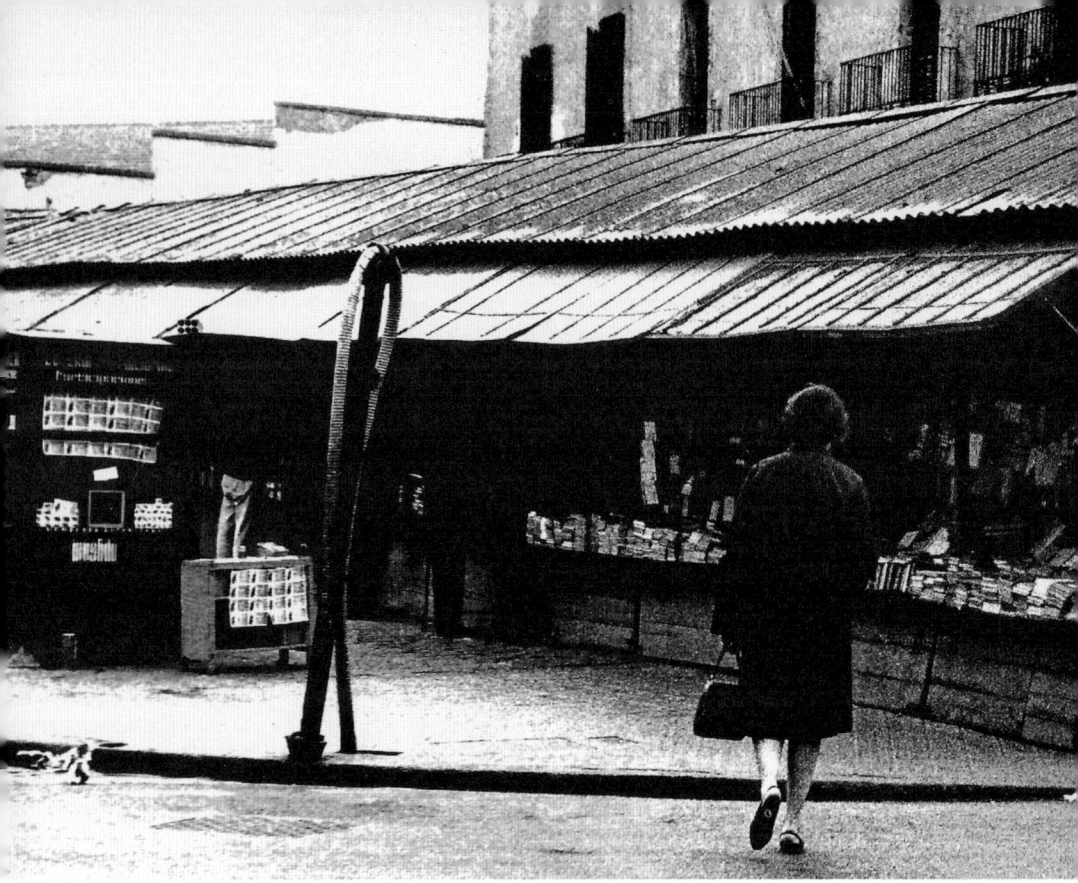

Mercat del llibre d'ocasió,   1963   Mercado del libro de ocasión,
al Portal de Santa Madrona   en el portal de Santa Madrona

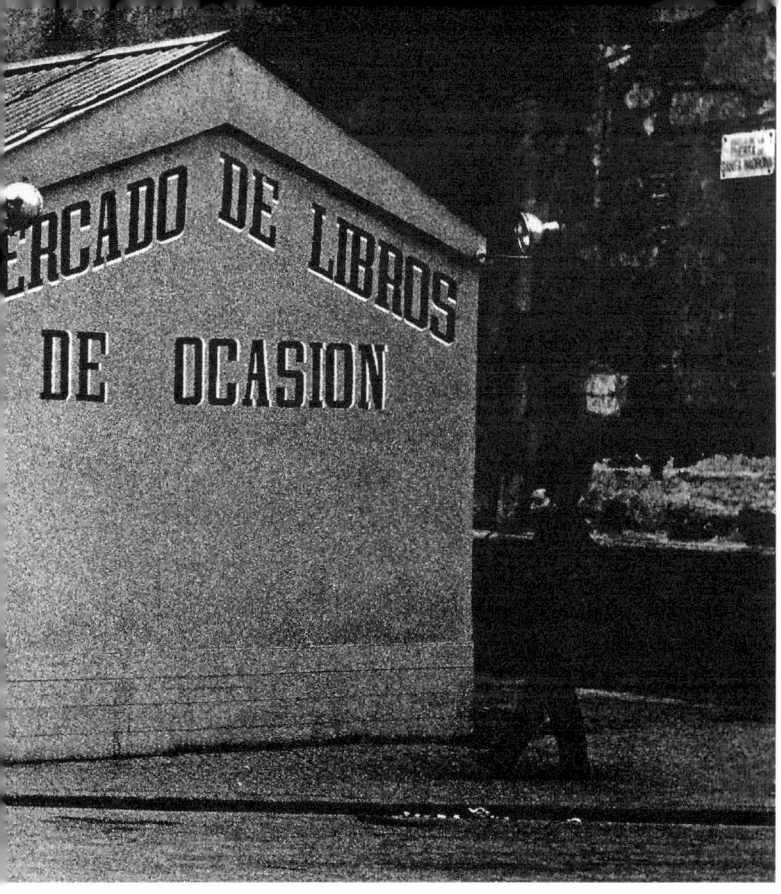

Fotògrafa ambulant a la Rambla   1976-1977   Fotógrafa ambulante en La Rambla

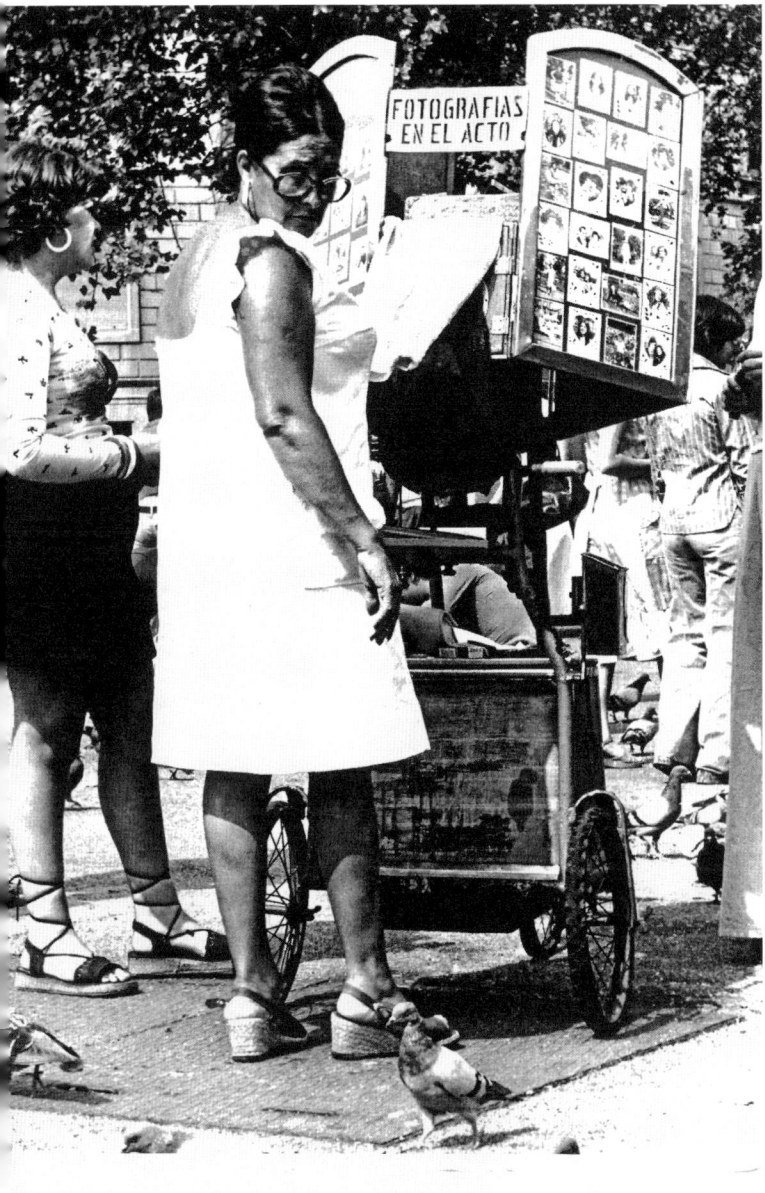

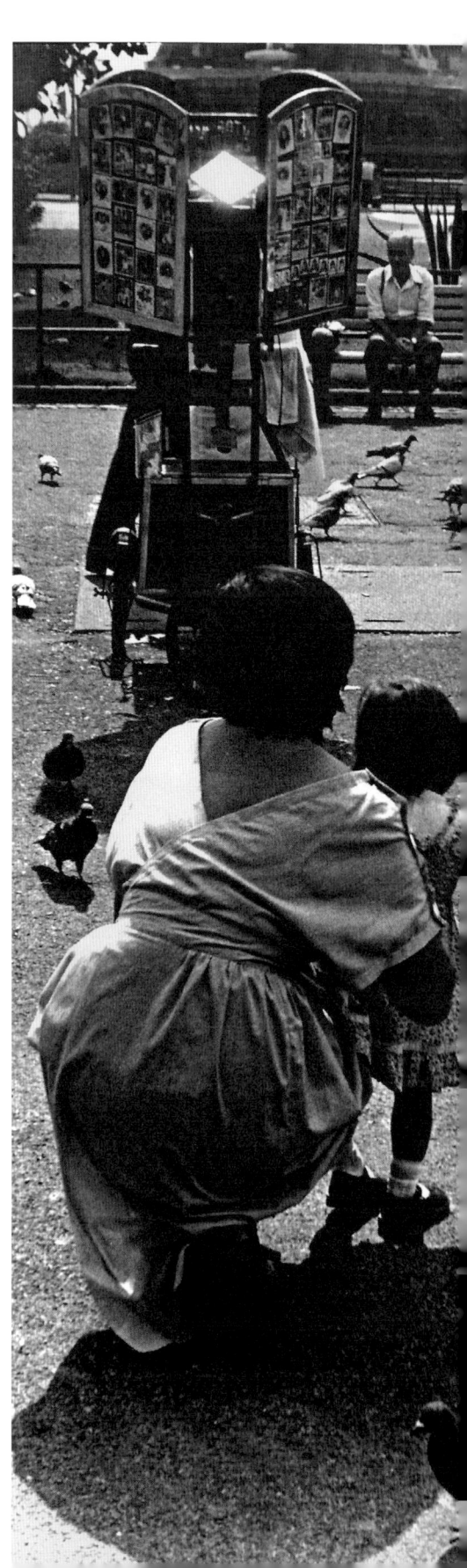

Detall d'una de les moltes   1976-1977   Detalle de una de las muchas
botigues de la Rambla   tiendas de La Rambla

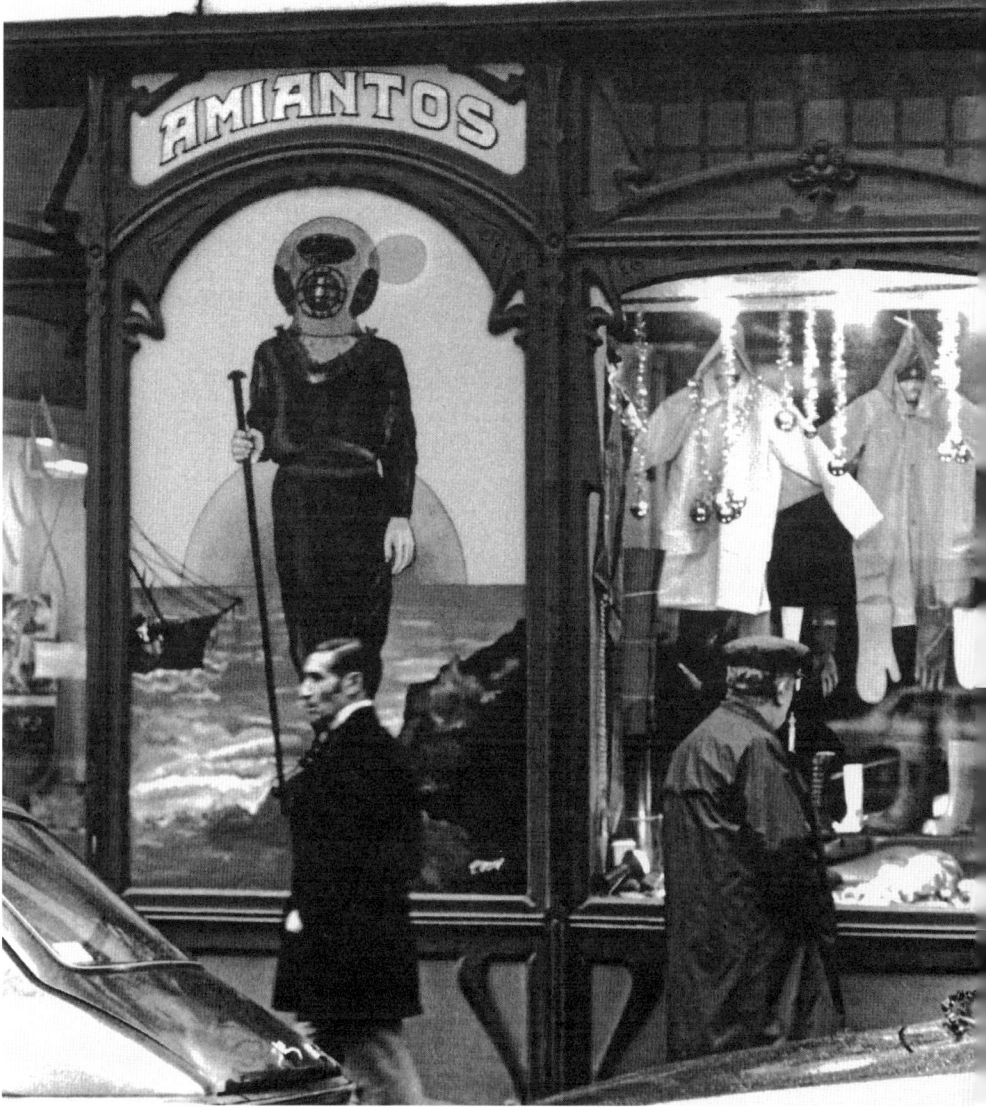

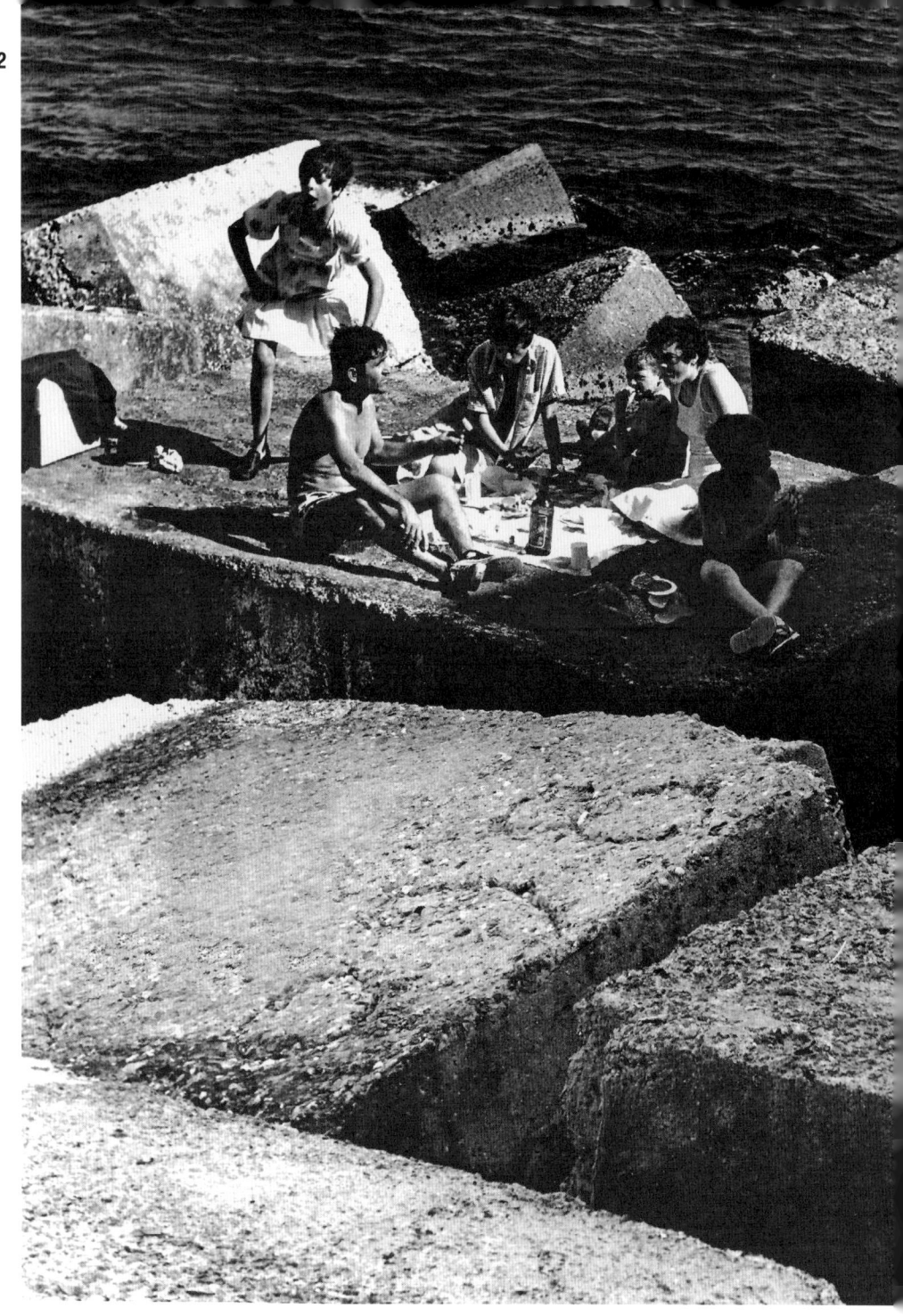

nic familiar a l'escullera   1976-1977   Pícnic familiar en el rompeolas
a Barceloneta   de la Barceloneta

Parella de banyistes a l'escullera   1976-1977   Pareja de bañistas en el rompeolas

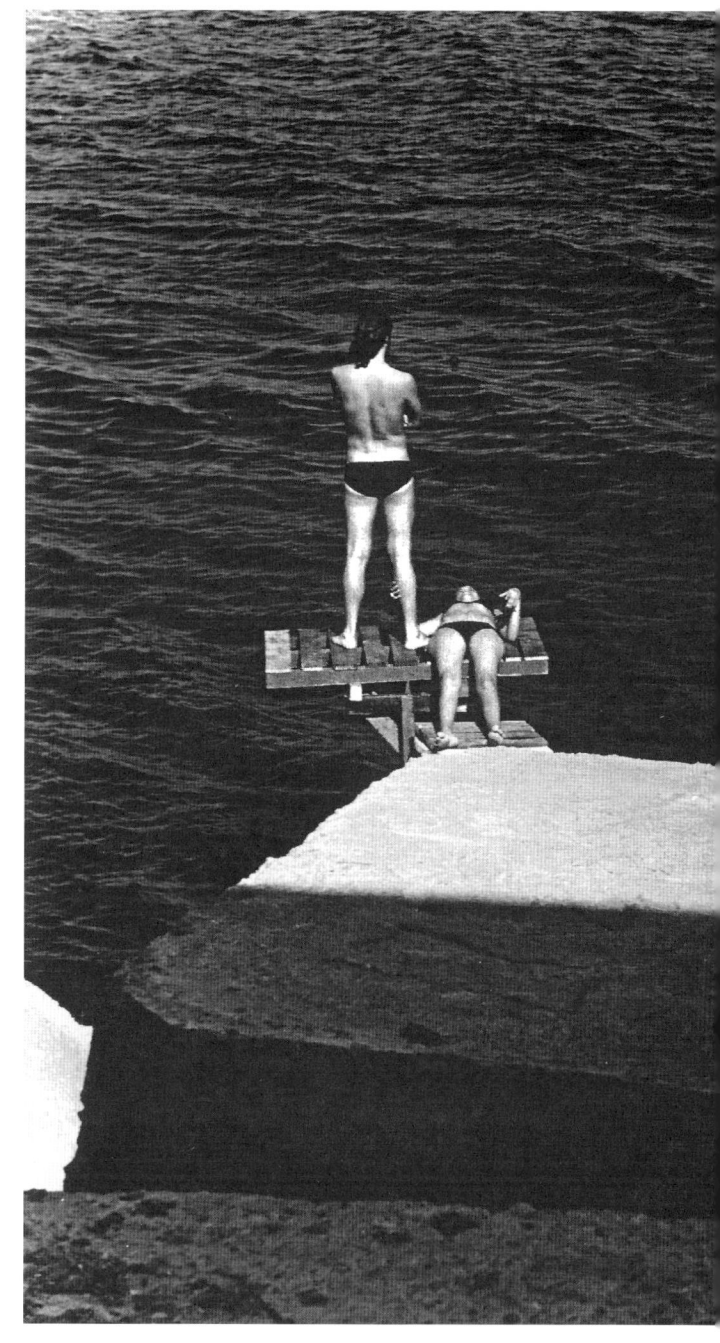

El pescador i la nena Lucrecia Gómez   1976-1977   El pescador y la niña Lucrecia Gómez

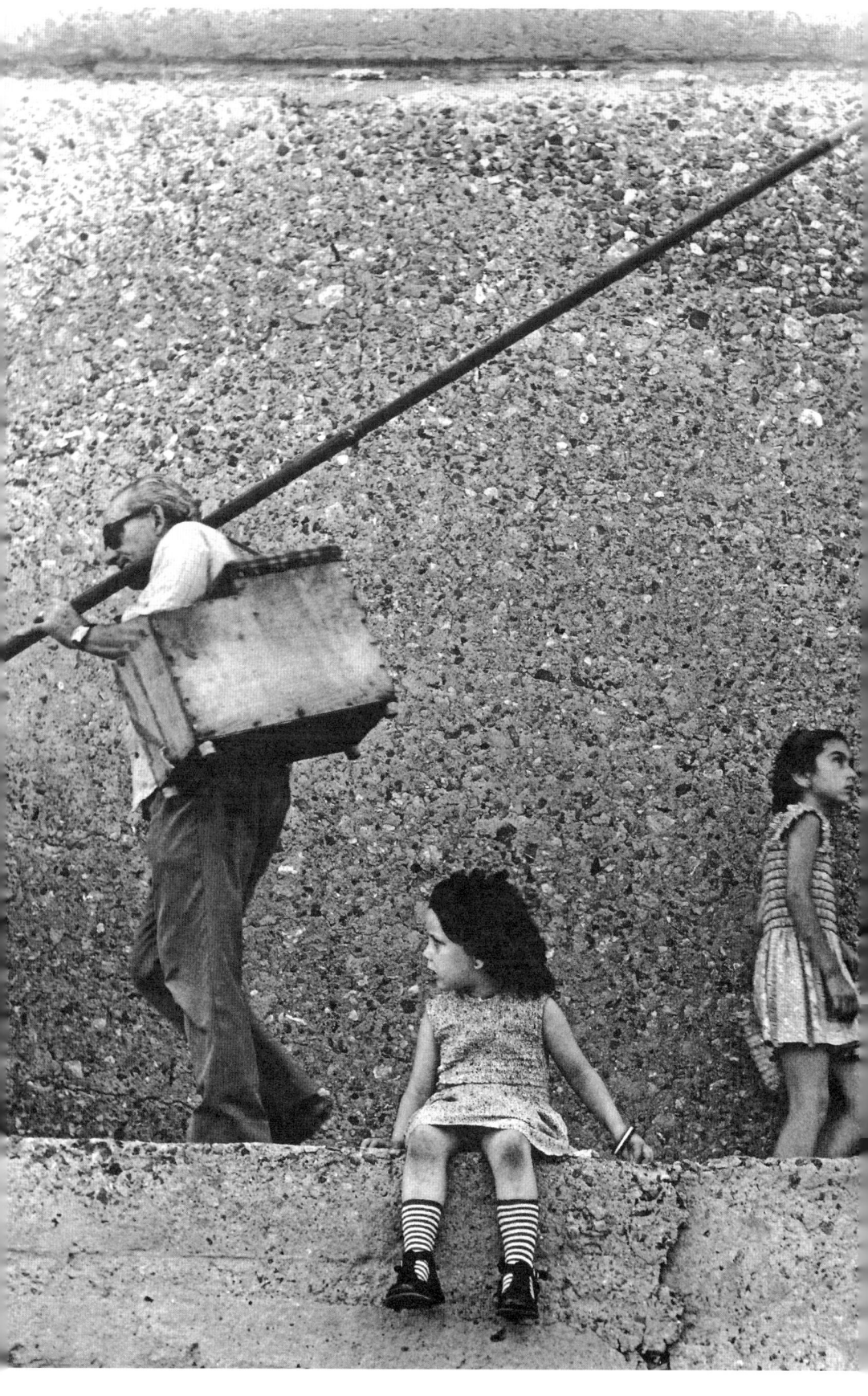

Des de les Golondrinas enfocant les sitges   1998   Desde las Golondrinas enfocando los silos

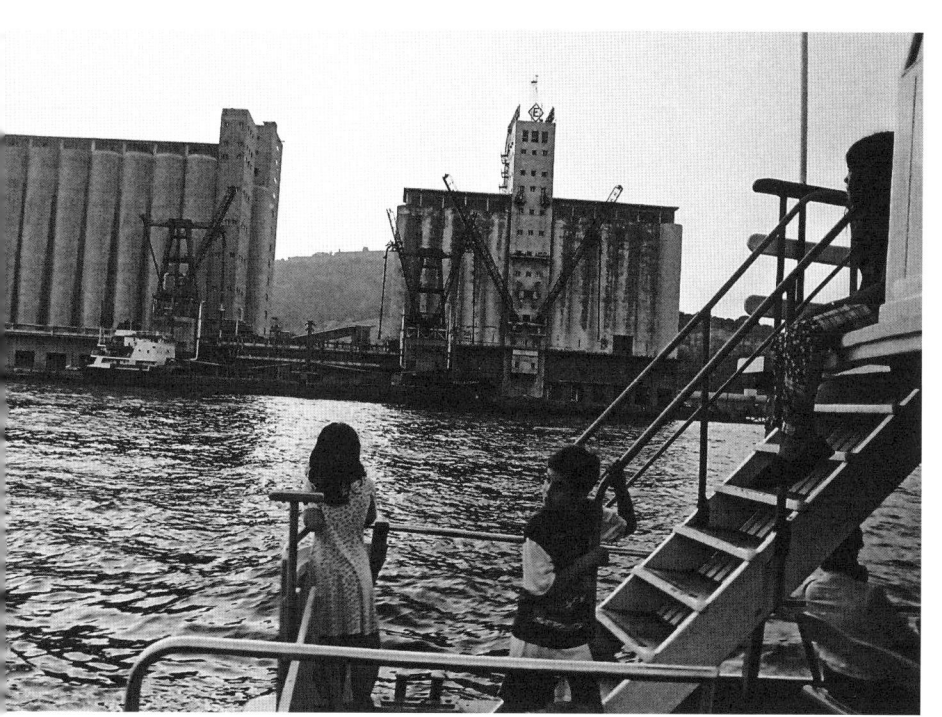

Entrada al port de Barcelona   **1998**   **Entrada al puerto de Barcelona**

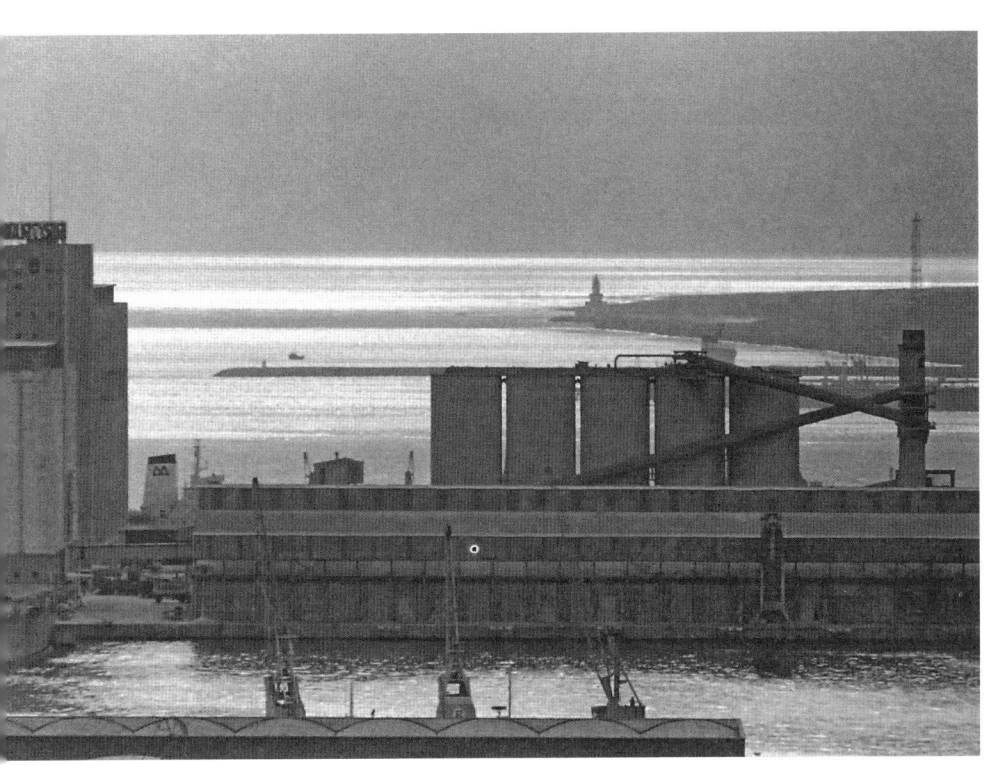

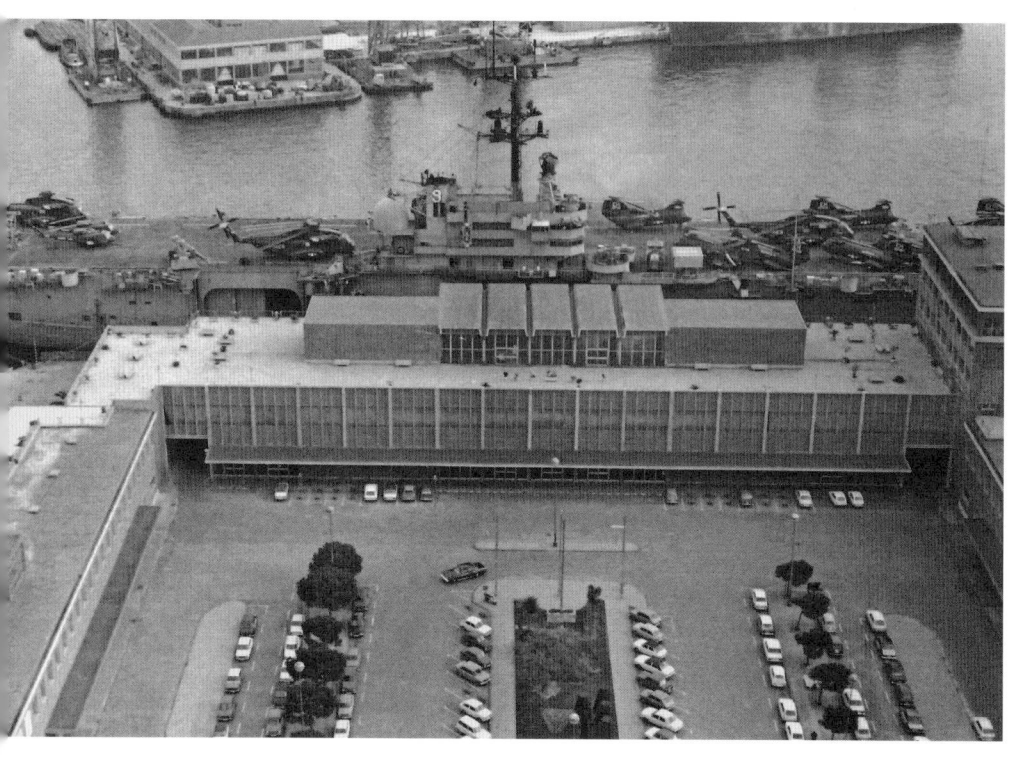

tall del port de Barcelona   1998   Detalle del puerto de Barcelona
nb un portahelicòpters atracat   con un portahelicópteros atracado

Joves al port 1963 **Jóvenes en el puerto**

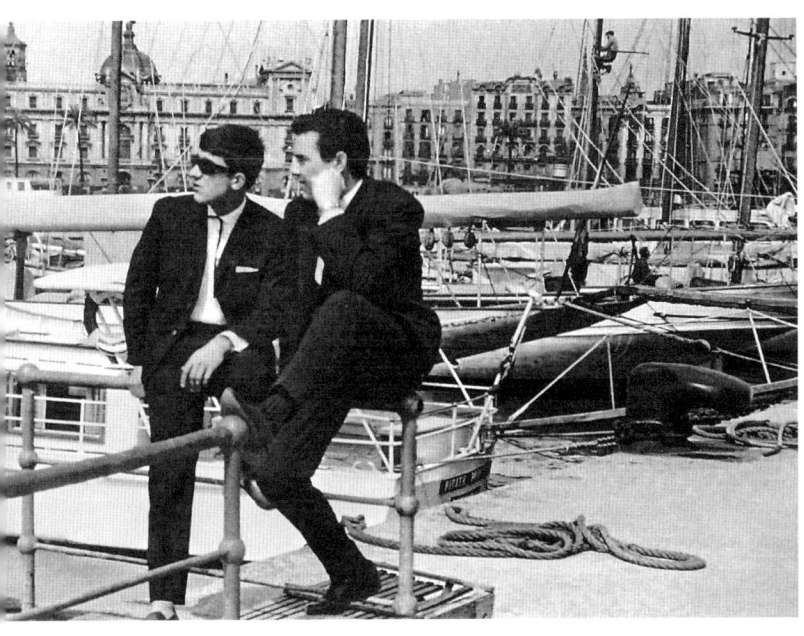

Restauració del Born   1986   Restauración del Born

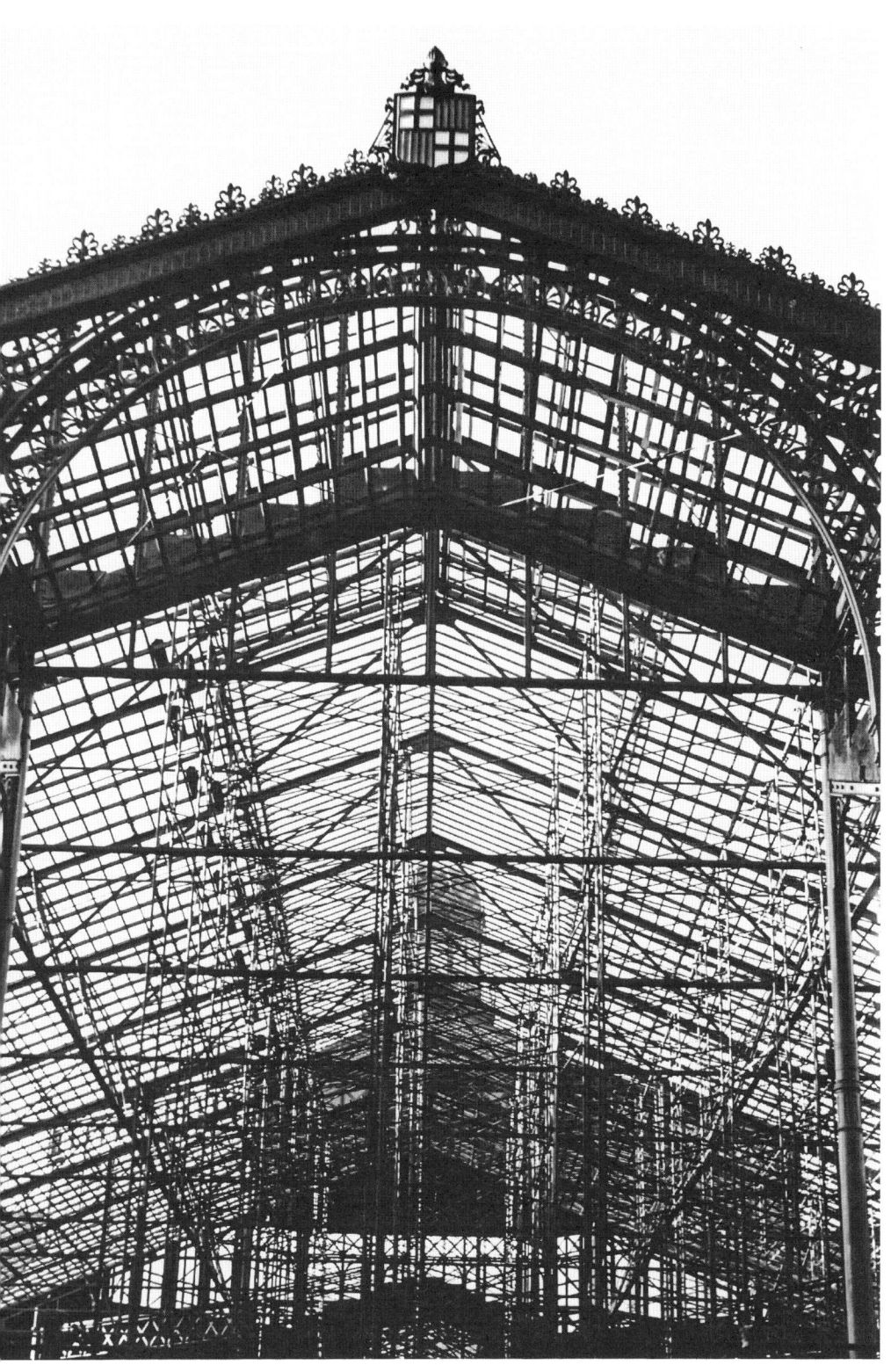

Una caseta blanca des de la qual es veu el mar

El 1983, Ginés Cuesta torna al barri. Ha conegut la Regine i li promet que viuran en una caseta blanca des de la qual es veu el mar. S'instal·len a viure a la casa on havia viscut de petit, a les Vivendes del Governador.

> "Torno al barri i veig el mar des de casa meva, una visió panoràmica de Barcelona, mar inclòs. La muntanya és a la vora, la serra de Collserola és a tocar i els cargols surten després de la pluja."

El barri continua allà on el va deixar fa gairebé vint anys. El temps ha passat i s'ha incrustat als fonaments, a les parets i a les teulades de les cases. Les criatures s'han fet grans, els adults també. Alguns han marxat, han arribat nous veïns. El retorn al barri és un retrobament amb les pràctiques culturals grupals, de relacions de veïnatge, unes pràctiques reactualitzades dia a dia. Continuen els jocs al carrer de petits i d'adults.

Durant el dia, el Ginés es guanya la vida pintant; a les tardes i els dies festius fa fotografies. El carrer continua sent el seu lloc i el barri no ha deixat de ser un entorn relacional. El carrer, per a la gent del barri, és com una mena de prolongació de l'espai domèstic. No es percep l'estricta separació entre els dos àmbits —públic i domèstic— que s'observa en altres barris de la ciutat. Les cases segueixen tenint els 20 metres quadrats, la gran majoria, i el carrer continua sent necessari per expandir-se físicament i socialment.

I el Ginés capta l'estar i el deambular, sobretot l'estar.

> "Les vides de les persones del barri no sempre són fàcils, però mai no he buscat el drama."

Les veïnes i els veïns del Ginés no són víctimes, tampoc herois, són l'expressió celebratòria del dia a dia, de l'estar entre d'altres i de saber-se comunitat. Hi ha coses que han canviat, que canvien, però no la pràctica del barri, una vida cultural espontània on el Ginés interactua amb la gent que retrata.

Hi ha aires de canvi. El primer símptoma és l'enderroc de les torres d'alta tensió de la via Favència el 1984. És tan sols un pas per a la concreció d'un projecte arrossegat durant anys, per construir un gran eix viari a la part nord de Barcelona, el cinturó de ronda. Una via de circulació ràpida que esquartera i actua com a barrera entre els diversos barris de la zona i que tindrà una ferma oposició veïnal pel que suposa d'interrupció en el flux quotidià. La Barcelona olímpica s'apropa i es prioritza la circulació rodada. El moviment veïnal s'entesta, s'entesta que es cobreixi aquell esvoranc. Manifestacions per la cobertura de la ronda, no volen una autopista urbana. El 1984 s'organitza la Indiada, la construcció d'un campament indi, i, amb formes menys amables, es cala foc a una de les passeres que connecten el que l'esvoranc ha esventrat. Anys durarà anys la cobertura d'algun dels trams de la ronda i la revolta veïnal continuarà fins a aconseguir-ho.

Les fotografies de Ginés Cuesta donen compte de l'esvoranc a tocar de casa seva. Un fossat circumda el barri i tots els barris de la Zona Nord, per on ha de passar l'autopista urbana. S'ha esquerdat el contínuum urbà.

> "Quan van buidar via Favència vaig sentir que una frontera dividia els barris de manera salvatge."

Amb tot, Ginés Cuesta, a través de la fotografia, juga amb el contrast, la duresa i fermesa dels murs de contenció a tocar del barri de Canyelles amb el que, amb una mica d'imaginació, pot semblar una llera seca amb un home i un gos i plantes que han crescut més ràpid que no ho han fet les obres de construcció. La vegetació aprofita per créixer allà on el descuit asfàltic li ho permet. I ho fa ràpid, d'un any per l'altre, i crea un succedani de jardí urbà sobre el que acabarà sent asfalt. Però abans que no ho sigui, el fotògraf imagina i crea el miratge.

> "La construcció de la frontera que dividia els barris de manera salvatge podria haver influït en el sentiment col·lectiu de pertinença."

Malgrat l'autopista urbana que travessa Nou Barris, hi ha voluntat per part dels estadants de mantenir la pràctica del barri, en el sentit de reconeixement de l'espai social i de vincular la diversitat dels nuclis que el componen. Ginés Cuesta ressegueix les iniciatives culturals que es despleguen per potenciar i dinamitzar l'entorn relacional, entre d'altres, "La cultura va de festa", proposta de la coordinadora cultural de Nou Barris convocada anualment per reivindicar la cultura als barris i donar-li visibilitat.

> "Una de les reivindicacions de més intensitat va ser la substitució de la planta de tela asfàltica per convertir-la en un ateneu popular. Tot el fum, la contaminació que durant anys va planar pel barri, ara es volia convertir en un centre cultural de gestió autònoma."

Hi ha molt poca fotografia en color a l'arxiu de Ginés Cuesta.

> "El color és més fàcil de llegir, però no el considero real. És més real el blanc i negre, que també és color. M'he criat fotogràficament parlant, en un laboratori de blanc i negre. Allà he après que l'espectre del color en blanc i negre té més força, més dramatisme. És un espectre més ampli i profund que permet expressar el que vols. Al treballar el revelat i el positivat al laboratori, n'extreus més matisos de llum, d'intensitat, a través de la química, i el resultat és més proper a allò que sentia quan vaig fer la fotografia. La fotografia en blanc i negre treballada al laboratori té un cert realisme subjectiu."

Els aires de canvi també afecten els vells blocs de les Vivendes del Governador, que tenen els dies comptats. Enderroc i substitució dels vells pels nous blocs d'habitatges.

Les configuracions arquitectòniques ocupen en aquests anys un lloc central en el llenguatge visual del fotògraf, que situa el trànsit entre una manera d'ocupar el lloc habitual, conegut, i una de nova que no se sap ben bé com serà, però que es perfila com a esperança.

El trànsit entre el vell i el nou barri és quelcom més que la substitució d'uns habitatges per uns altres.

"Cada tarda, quan tornava de treballar hi havia gent al carrer, jugant, xerrant, bevent, passant l'estona. Tota aquella gent que ens trobàvem i ens reconeixíem als carrers del barri, ara, amb la construcció dels nous blocs i la nova urbanització, desapareixen del carrer. El carrer és més per transitar. Aquell estar ha donat pas a l'anar, i malgrat que s'han urbanitzat alguns espais per estar, aquests són més puntuals, més programats. Ara bé, la millora de les condicions de vida als habitatges és substancial, no s'acaba l'aigua, com passava abans quan l'aigua del dipòsit donava per al que donava. Era dur, viure en aquelles condicions i en tan poc espai."

Les fotografies del barri són una mena de memòria col·lectiva que parla de la presència i representació dels habitants del lloc.

"La fotografia —precisa el Ginés— és molt més que una construcció històrica, és quelcom personal que forma part del conjunt de la vida i que presenta plàsticament el que veiem, el que està a la superfície."

L'autor va explorar noves vies de creació amb altres llenguatges. El 1979 va organitzar i crear el I Homenatge a Carles Buïgas i Sans, a Salou, on l'enginyer havia construït l'última font de la seva vida, el 1973. El Ginés, que hi passava cada dia pel davant, en aquell moment treballava de cuiner a la localitat tarragonina, i va voler retre-li homenatge amb l'espectacle *Piscil*, en què combinava música, aigua i dansa, fet en col·laboració amb Alfredo Maulini. Els homenatges es van repetir el 1980 i el 1981.

Al llarg dels anys, Ginés Cuesta s'entesta a llegir i narrar la bellesa, lluny de cànons estètics estandarditzats. Hi ha belleses vinculades a experiències vitals de compartir espais i quotidianitat —ja sigui al centre de Barcelona o en un barri perifèric—, fàcils de llegir i d'entendre per la gent del lloc, més difícils de capir pels que visiten el lloc.

Quan l'interès pels barris es converteix en un dels eixos per conèixer la història de la ciutat, lluny de centralitats esgotades, les fotografies de Ginés Cuesta es converteixen en un document per repensar la història visual de la ciutat.

La seva obra rep una difusió i recepció a posteriori que actua com una mena de reconeixement.

Durant els anys vuitanta i els noranta, les seves fotografies es difonen en mitjans locals, i a partir dels noranta, formen part de l'escriptura visual de revistes i d'alguns llibres. Impossible de parlar de les Vivendes del Governador sense recórrer a les fotografies de Ginés Cuesta. El 1995 Roser Argemí va incloure algunes fotografies d'ell al llibre *El Verdum*, publicat pel Departament de Benestar Social de la Generalitat de Catalunya. Rafael Pradas també va comptar amb les fotografies del Ginés al llibre *"Vivendes del Governador": una història urbana*, publicat per l'Institut Català del Sòl, REURSA, el 2008. Jo mateixa m'he sentit atreta per les fotografies del Ginés. La seva "senyora Gertrudis", una de les imatges més belles de la història fotogràfica de Barcelona, m'ha acompanyat en diversos projectes, entre d'altres, *Dones de Nou Barris: Itineraris històrics*, publicat per l'Ajuntament de Barcelona el 2015, i més recentment, una fotografia del barri de les Vivendes del Governador a "Polígons tan lluny tan a prop", dins el llibre *Barcelona. La metròpoli en l'era de la fotografia, 1860-2004*, de Jorge Ribalta, publicat per l'Ajuntament de Barcelona, el 2016.

Ginés Cuesta va fer donació del seu fons fotogràfic a l'Arxiu Històric de Roquetes - Nou Barris el 2011. Són milers de negatius i còpies en paper, aproximadament cinc mil.

El Ginés no es va desvincular mai del seu arxiu ni de l'Arxiu Històric de Roquetes - Nou Barris, entitat amb la qual va seguir col·laborant fins al final, tant per classificar i documentar la seva obra com per participar en la vida col·lectiva de l'entitat, que va néixer el 1983 amb la voluntat de recuperar, preservar, fomentar i difondre la memòria històrica de Nou Barris i que ha compost el seu important fons documental i fotogràfic amb aportacions personals com la del Ginés.

"He passat moltes tardes a l'Arxiu. Amb la Carmen Ríos hem escanejat tots els negatius. L'Arxiu, a l'estar al meu barri, tan a la vora de casa, em permet anar-hi i mirar fotografies. És una entitat poc burocratitzada i, per tant, quan em ve de gust mirar alguna de les fotografies que vaig fer, hi vaig. No he de demanar permís a cap *jefe*, per tenir-hi accés. Puc anar-hi sempre que vull."

El 2012, l'Arxiu organitza una exposició fotogràfica a partir del fons de Ginés Cuesta, titulada "Verdum Parcel·lat", que recull instantànies des dels anys seixanta fins als vuitanta, centrades en les Vivendes del Governador i barris propers, que s'exposa al vestíbul de l'Espai Via Favència. Amb motiu de l'exposició, l'Arxiu edita un catàleg amb el mateix títol, a la col·lecció Petit Arxiu, amb una primera edició limitada i numerada de cinquanta exemplars. En aquella ocasió, el Ginés va explicar que "la realitat del barri no es corresponia a tot allò que deien els mitjans de comunicació. El veïnat sabia com trobar la felicitat".

Ginés Cuesta Ortiz va morir el 16 de maig de 2023 als 78 anys.

Una casita blanca desde la que se ve el mar

En 1983, Ginés Cuesta regresa a su barrio. Ha conocido a Regine y le promete que vivirán en una casita blanca desde la que se ve el mar. Se instalan en la casa donde había vivido de pequeño, en las Viviendas del Gobernador.

> "Vuelvo al barrio y veo el mar desde mi casa, una visión panorámica de Barcelona, mar incluido. La montaña está cerca, la sierra de Collserola se encuentra a la vuelta de la esquina y los caracoles salen después de la lluvia".

El barrio continúa allí donde lo dejó hace casi veinte años. El tiempo ha pasado y se ha incrustado en los cimientos, en las paredes y en los tejados de las casas. Los críos se han hecho mayores, los adultos también. Algunos se han ido, han llegado nuevos vecinos. El retorno al barrio es un reencuentro con las prácticas culturales grupales, de relaciones de vecindad, unas prácticas reactualizadas día a día. Continúan los juegos en la calle de pequeños y de adultos.

Durante el día, Ginés se gana la vida pintando, por las tardes y los días festivos, hace fotografías. La calle sigue siendo su lugar, y el barrio no ha dejado de ser un entorno relacional. La calle, para la gente del barrio, es como una especie de prolongación del espacio doméstico. No se percibe la estricta separación entre los dos ámbitos —público y doméstico— que se observa en otros barrios de la ciudad. Las casas siguen teniendo los 20 metros cuadrados, la gran mayoría, y la calle sigue siendo necesaria para expandirse física y socialmente.

Y Ginés capta el estar y el deambular, sobre todo el estar.

> "Las vidas de las personas del barrio no siempre son fáciles, pero nunca he buscado el drama".

Las vecinas y los vecinos de Ginés no son víctimas, tampoco héroes, son la expresión celebratoria del día a día, del estar entre otros y de saberse comunidad. Hay cosas que han cambiado, que cambian, pero no la práctica del barrio, una vida cultural espontánea donde Ginés interactúa con la gente a la que retrata.

Se respiran aires de cambio. El primer síntoma es el derribo de las torres de alta tensión de la Vía Favència en 1984. Es tan solo un paso para la concreción de un proyecto arrastrado durante años para construir un gran eje vial en la parte norte de Barcelona, el cinturón de ronda. Una vía de circulación rápida que descuartiza y actúa de barrera entre los diversos barrios de la zona y que topará con una fuerte oposición vecinal por lo que supone de interrupción en el flujo cotidiano. La Barcelona olímpica se acerca y se prioriza la circulación rodada. El movimiento vecinal se empeña y empeña en que se cubra ese boquete. Manifestaciones a favor de la cobertura de la ronda, no quieren una autopista urbana. En 198 se organiza la Indiada, la construcción de un campamento indio, y con formas menos amables se prende fuego a uno de los pasadero que conectan lo que el boquete ha destripado. Años, durará años la cobertura de alguno de los tramos de la ronda, y la revuelta vecina persistirá hasta lograrlo.

Las fotografías de Ginés Cuesta dan cuenta del boquete junto a su casa. Un foso circunda el barrio y todos los barrios de la Zona Norte, por donde debe pasar la autopista urbana. Se ha resquebrajado el contínuum urbano.

> "Cuando vaciaron la Vía Favència, sentí que una frontera dividía los barrios de forma salvaje".

Con todo, Ginés Cuesta, a través de la fotografía, juega con el contraste, la dureza y la firmeza de los muros de contención junto al barrio de Canyelles, con lo que, con un poco de imaginación, puede parecer un cauce seco con un hombre y un perro y plantas que han crecido más rápido que las obras de construcción. La vegetación aprovecha para crecer allí donde el descuido asfáltico se lo permite. Y lo hace rápido, de un año para el otro, y crea un sucedáneo de jardín urbano en lo que acabará siendo asfalto. Pero antes de que lo sea, el fotógrafo imagina y crea el espejismo.

> "La construcción de la frontera que dividía los barrios de forma salvaje podría haber influido en el sentimiento colectivo de pertenencia".

A pesar de la autopista urbana que atraviesa Nou Barris, existe la voluntad por parte de los residentes de mantener la práctica del barrio, en el sentido de reconocimiento del espacio social y de vincular la diversidad de los núcleos que lo componen. Ginés Cuesta recorre las iniciativas culturales que se despliegan para potenciar y dinamizar el entorno relacional, entre otras, "La cultura va de fiesta", propuesta de la coordinadora cultural de Nou Barris convocada anualmente para reivindicar la cultura en los barrios y darle visibilidad.

> "Una de las reivindicaciones de mayor intensidad fue la sustitución de la planta de tela asfáltica para convertir en un ateneo popular. Todo el humo, la contaminación que durante años planeó sobre el barrio, ahora se quería convertir en un centro cultural de gestión autónoma".

Hay muy poca fotografía en color en el archivo de Ginés Cuesta.

> "El color es más fácil de leer, pero no lo considero real. Es más real el blanco y negro, que también es color. Me h criado, fotográficamente hablando, en un laboratorio de blanco y negro. Allí he aprendido que el espectro del col en blanco y negro tiene más fuerza, más dramatismo. Es un espectro más amplio y profundo que permite expresar que quieres. Al trabajar el revelado y el positivado en el laboratorio, extraes más matices de luz, de intensidad a través de la química, y el resultado es más próximo

a lo que sentía cuando tomé la fotografía. La fotografía en blanco y negro trabajada en el laboratorio tiene un cierto realismo subjetivo".

Los aires de cambio también afectan a los viejos bloques de las Viviendas del Gobernador, que tienen los días contados. Derribo y sustitución de los viejos por los nuevos bloques de viviendas.

Las configuraciones arquitectónicas ocupan en esos años un lugar central en el lenguaje visual del fotógrafo, que sitúa el tránsito entre una manera de ocupar el lugar habitual, conocido, y otra nueva que no se sabe exactamente cómo será, pero que se perfila como esperanza.

El tránsito entre el viejo y el nuevo barrio es algo más que la sustitución de unas viviendas por otras.

"Cada tarde cuando volvía de trabajar había gente en la calle, jugando, charlando, bebiendo, pasando el rato. Toda esa gente que nos encontrábamos y reconocíamos en las calles del barrio, ahora, con la construcción de los nuevos bloques y la nueva urbanización, desaparece de la calle. La calle es más para transitar. Ese estar ha dado paso al ir, y aunque se han urbanizado algunos espacios para estar, estos son más puntuales, más programados. Ahora bien, la mejora de las condiciones de vida en las viviendas es sustancial, no se termina el agua, como pasaba antes cuando el agua del depósito daba para lo que daba. Era duro vivir en aquellas condiciones y en tan poco espacio".

Las fotografías del barrio son una especie de memoria colectiva que habla de la presencia y la representación de los habitantes del lugar.

"La fotografía —precisa Ginés— es mucho más que una construcción histórica, es algo personal que forma parte del conjunto de la vida y que presenta plásticamente lo que vemos, lo que está en la superficie".

El autor exploró nuevas vías de creación con otros lenguajes. En 1979 organizó y creó el I Homenaje a Carles Buïgas i Sans, en Salou, donde el ingeniero había construido la última fuente de su vida, en 1973. Ginés, que pasaba cada día por delante, en ese momento trabajaba de cocinero en la localidad tarraconense y quiso rendirle homenaje con el espectáculo *Piscil*, donde combinaba música, agua y danza, creado en colaboración con Alfredo Maulini. Los homenajes se repitieron en 1980 y en 1981.

A lo largo de los años, Ginés Cuesta se empeña en leer y narrar la belleza lejos de cánones estéticos estandarizados. Existen bellezas vinculadas a experiencias vitales de compartir espacios y cotidianidad —ya sea en el centro de Barcelona o en un barrio periférico—, fáciles de leer y entender para la gente del lugar, más difíciles de captar para quienes lo visitan.

Cuando el interés por los barrios pasa a ser uno de los ejes para conocer la historia de la ciudad, lejos de centralidades agotadas, las fotografías de Ginés Cuesta se convierten en un documento para repensar la historia visual de la ciudad.

Su obra recibe una difusión y recepción *a posteriori* que actúa como una especie de reconocimiento.

Durante los años ochenta y noventa, sus fotografías se difunden en medios locales, y a partir de los noventa, forman parte de la escritura visual de revistas y de algunos libros. Imposible hablar de las Viviendas del Gobernador sin recurrir a las fotografías de Ginés Cuesta. En 1995, Roser Argemí incluyó algunas de sus fotografías en el libro *El Verdum*, publicado por el Departamento de Bienestar Social de la Generalitat de Catalunya. Rafael Pradas también contó con las fotografías de Ginés en el libro *"Vivendes del Governador": una història urbana*, publicado por el Institut Català del Sòl, REURSA, en el 2008. Yo misma me he sentido atraída por las fotografías de Ginés. Su "señora Gertrudis", una de las imágenes más bellas de la historia fotográfica de Barcelona, me ha acompañado en varios proyectos, entre otros, *Dones de Nou Barris: Itineraris històrics*, publicado por el Ayuntamiento de Barcelona en el 2015, y más recientemente, una fotografía del barrio de las Viviendas del Gobernador en "Polígonos: tan lejos tan cerca", dentro del libro *Barcelona. La metrópolis en la era de la fotografía, 1860-2004*, de Jorge Ribalta, publicado por el Ayuntamiento de Barcelona en el 2016.

Ginés Cuesta hizo donación de su fondo fotográfico al Archivo Histórico de Roquetes-Nou Barris en el 2011. Son miles de negativos y copias en papel, aproximadamente cinco mil.

Ginés no se desvinculó de su archivo ni del Archivo Histórico de Roquetes-Nou Barris, entidad con la que siguió colaborando hasta sus últimos días, tanto para clasificar y documentar su obra como para participar en su vida colectiva. La entidad nació en 1983 con la voluntad de recuperar, preservar, fomentar y difundir la memoria histórica de Nou Barris, y ha ido conformando su importante fondo documental y fotográfico con aportaciones personales como la de Ginés.

> "He pasado muchas tardes en el Archivo. Con Carmen Ríos hemos escaneado todos los negativos. El Archivo, al estar en mi barrio, tan cerca de casa, me permite ir y ver fotografías. Es una entidad poco burocratizada y, por tanto, cuando me apetece ver alguna de las fotografías que hice, voy allí. No tengo que pedir permiso a ningún 'jefe', para tener acceso. Puedo ir siempre que quiero".

En el año 2012, el Archivo organiza una exposición fotográfica a partir del fondo de Ginés Cuesta, titulada "Verdum parcel·lat", que recoge instantáneas desde los años sesenta hasta los ochenta, centradas en las Viviendas del Gobernador y barrios próximos, y que se expone en el vestíbulo del Espacio Via Favència. Con motivo de la exposición, el Archivo edita un catálogo con el mismo título, en la colección Petit Arxiu, con una primera edición limitada y numerada de cincuenta ejemplares. En aquella ocasión, Ginés contó que "la realidad del barrio no se correspondía con todo lo que decían los medios de comunicación. El vecindario sabía cómo encontrar la felicidad".

Ginés Cuesta Ortiz falleció el 16 de mayo de 2023 a los 78 años.

Vivendes del Governador, perspectiva des de la via Favència

1983 Viviendas del Gobernador, perspectiva desde la Vía Favència

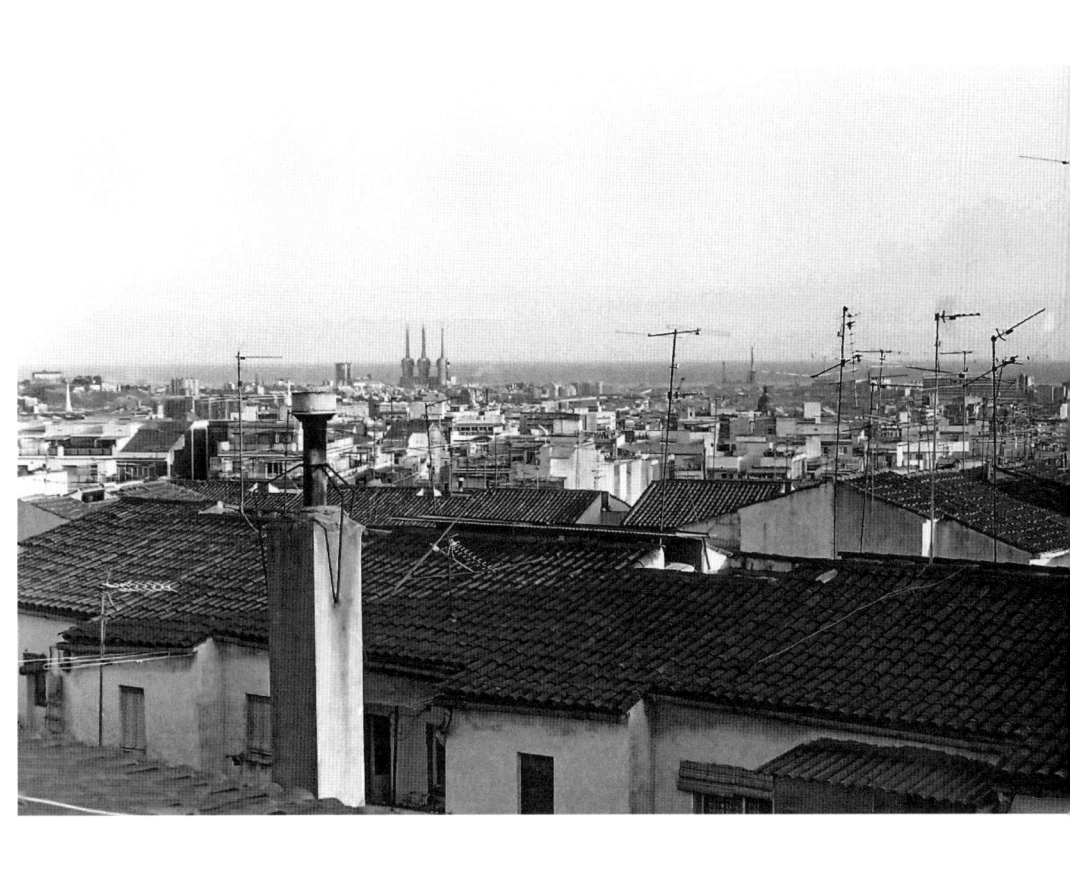

"Caracolillos" per menjar bullits   1983   "Caracolillos" para comer hervidos
en caldo d'herbes, Collserola   en caldo de hierbas, Collserola

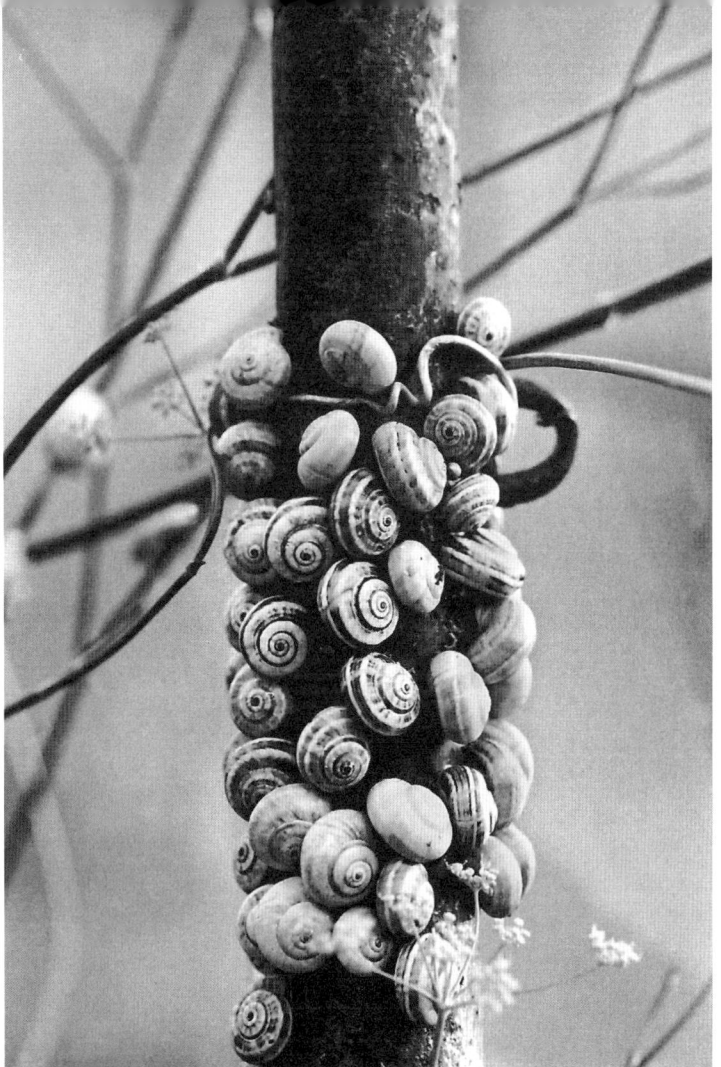

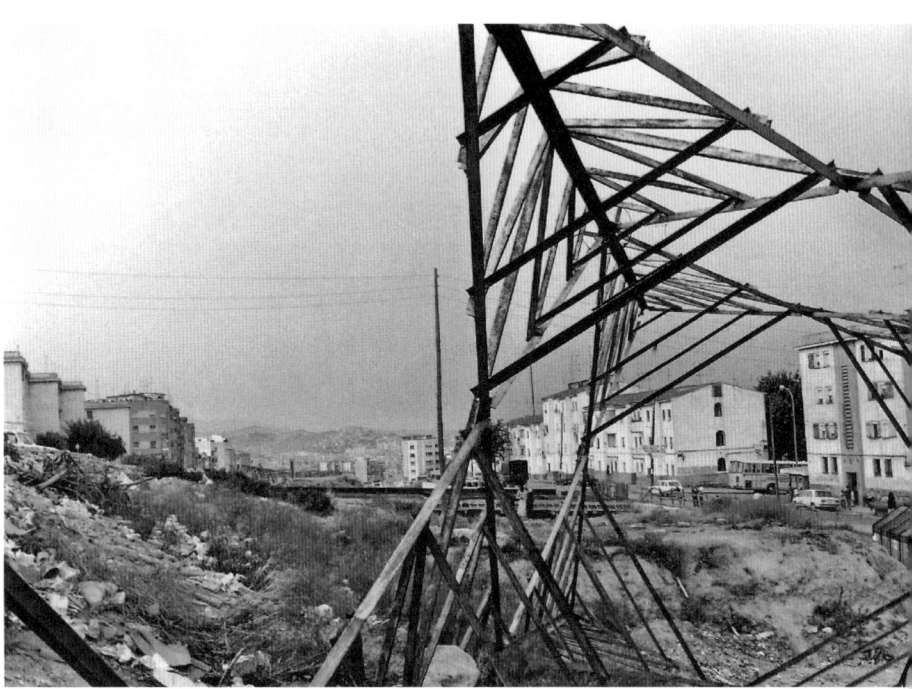

Favència preparant la
strucció de la ronda de Dalt

1984

Vía Favència preparando la
construcción de la ronda de Dalt

Bar a les Vivendes del Governador. Seu del Club
de Futbol aficionats Stoy. A la fotografia
del fons, Alfredo Di Stéfano i Ladislau Kubala

1995

Bar en las Viviendas del Gobernador. Sede del Club
de Fútbol aficionados Stoy. En la fotografía
del fondo, Alfredo Di Stéfano y Ladislao Kubala

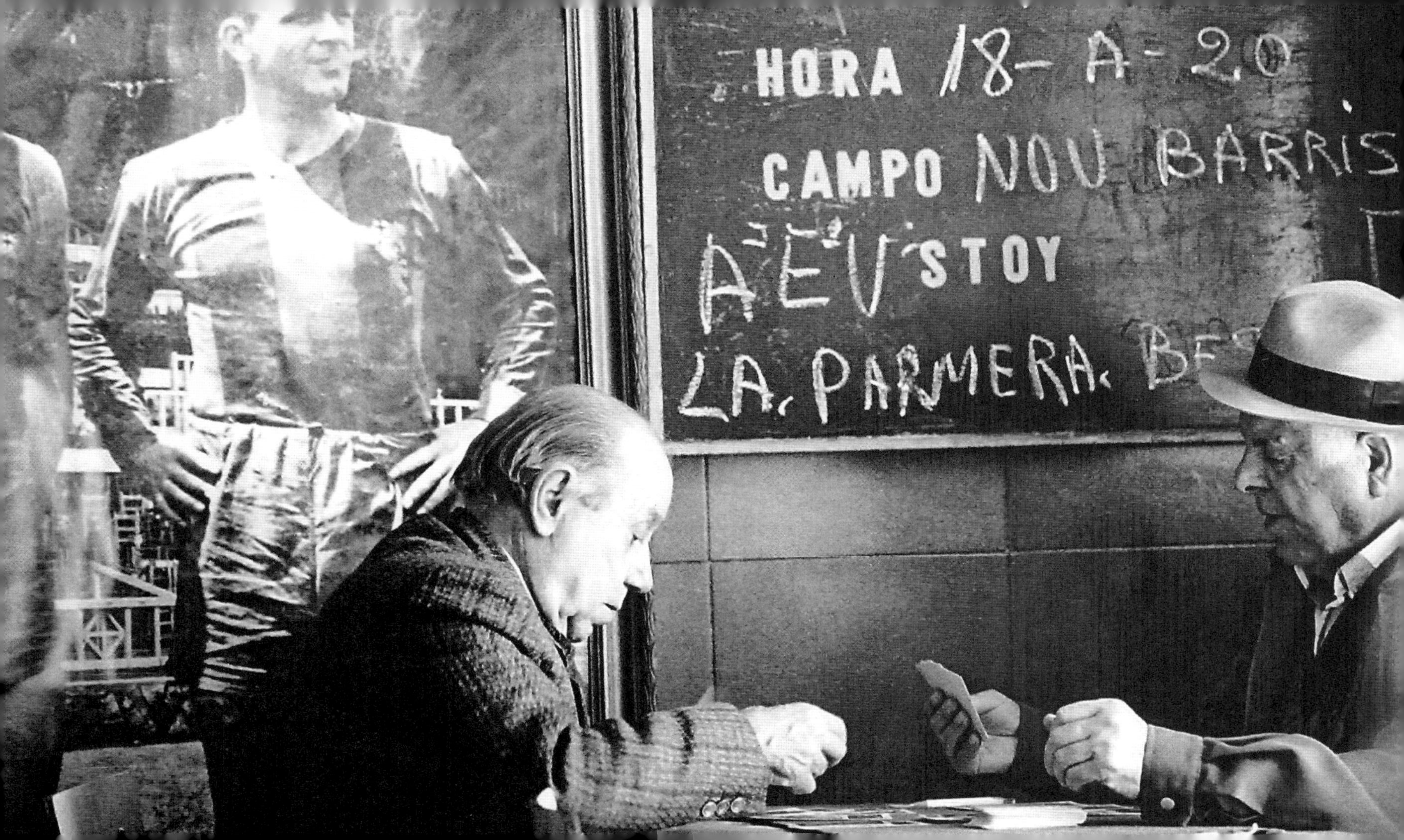
HORA 18-A-20
CAMPO NOU BARRIS
STOY
LA PARMERA

Filles d'alguns dels jugadors 1995 Hijas de algunos de los jugadores
del club de futbol Stoy   del club de fútbol Stoy

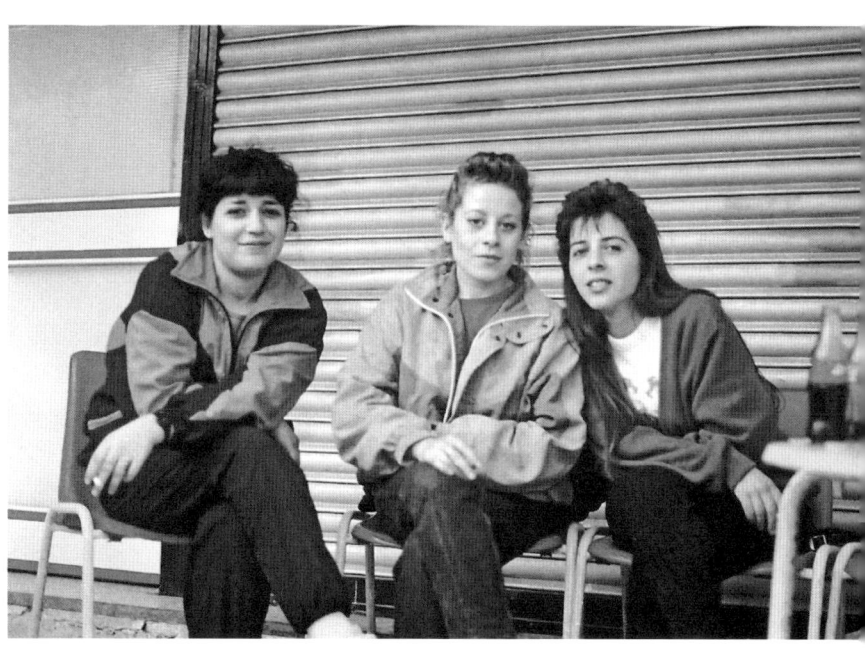

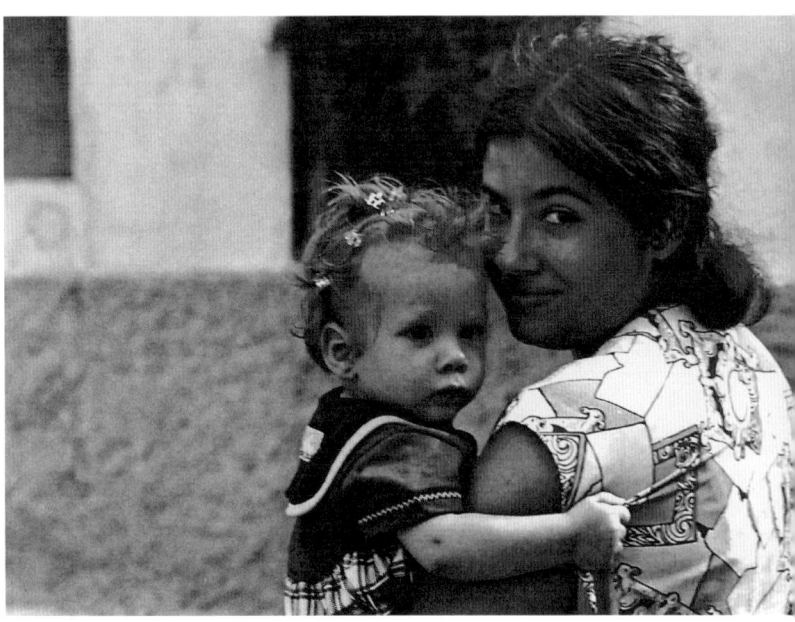

nes del barri del Verdun   ca. 1990   Vecinas del barrio del Verdun

Infants del meu barri   ca. 1990   Niños de mi barrio

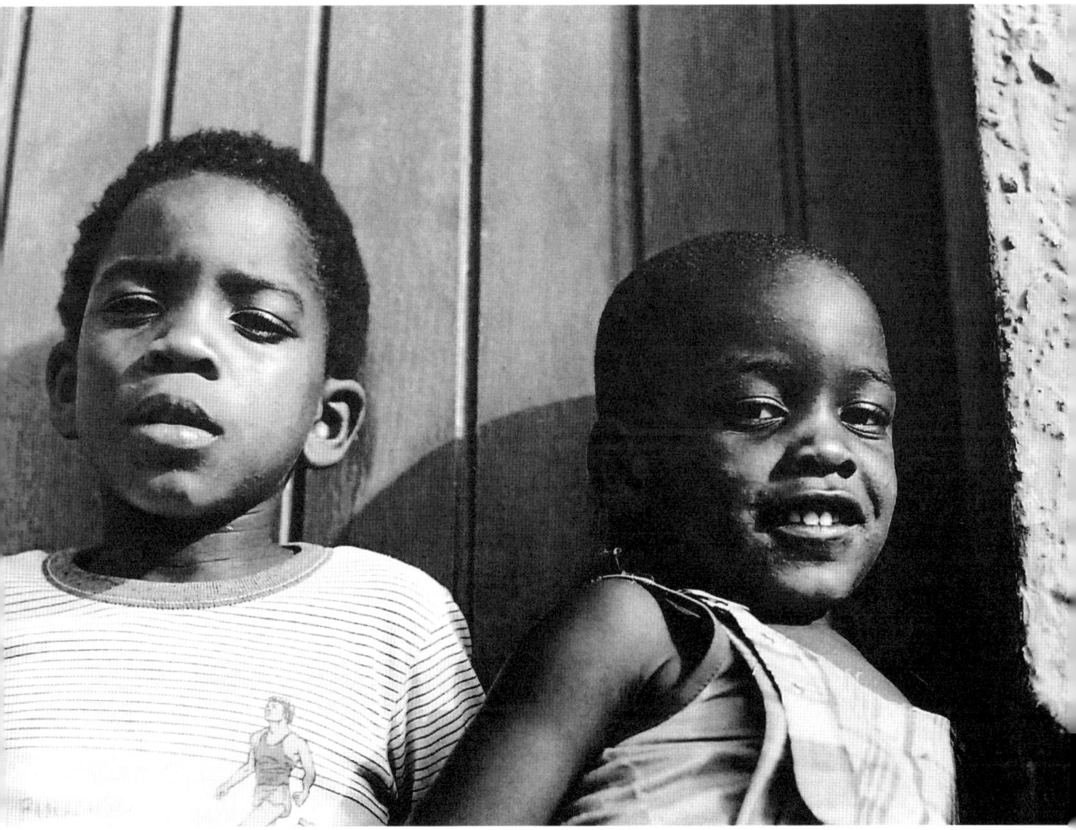

Escenes del meu barri   ca. 1990   Escenas de mi barrio

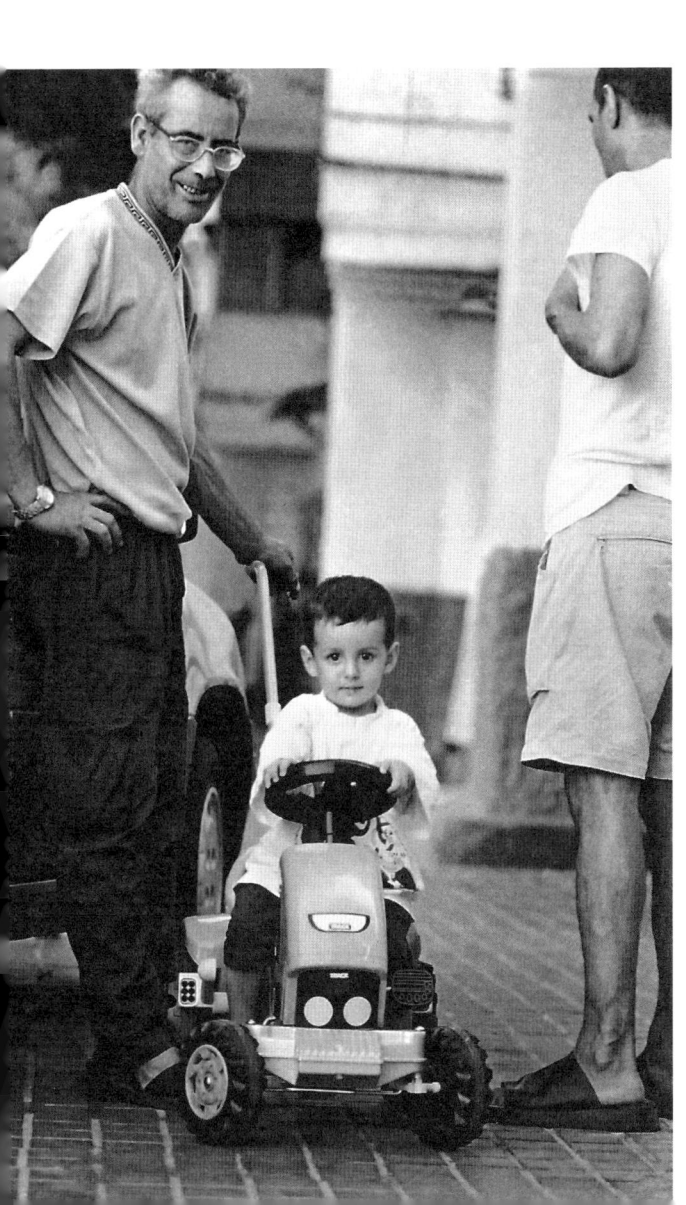

Amics del barri jugant al remigio   ca. 1990   Amigos del barrio jugando al remigio

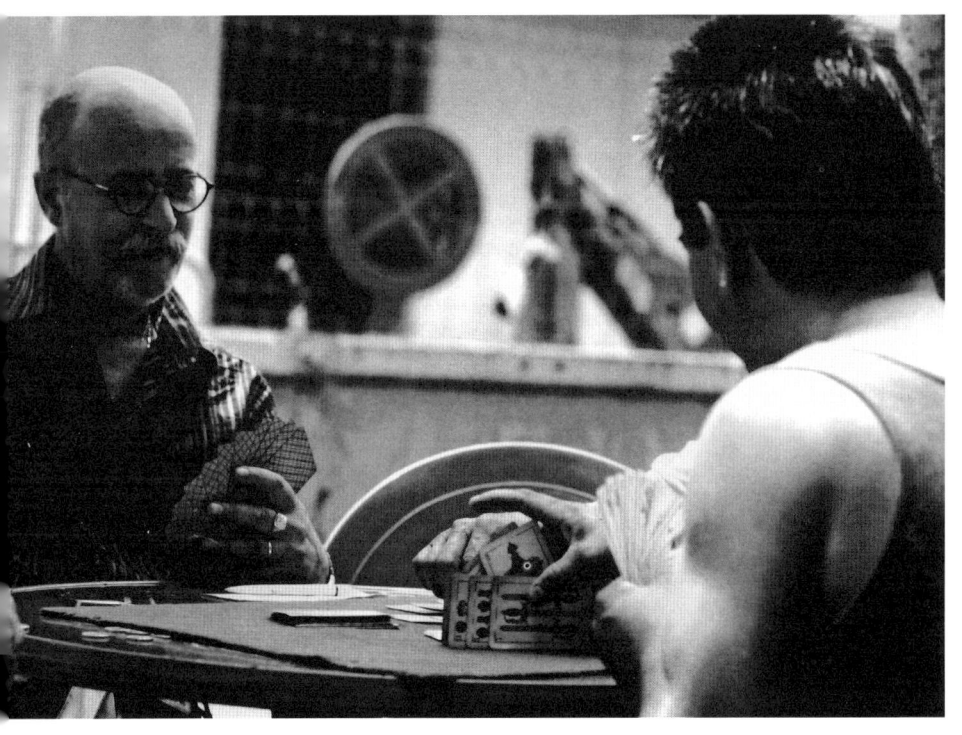

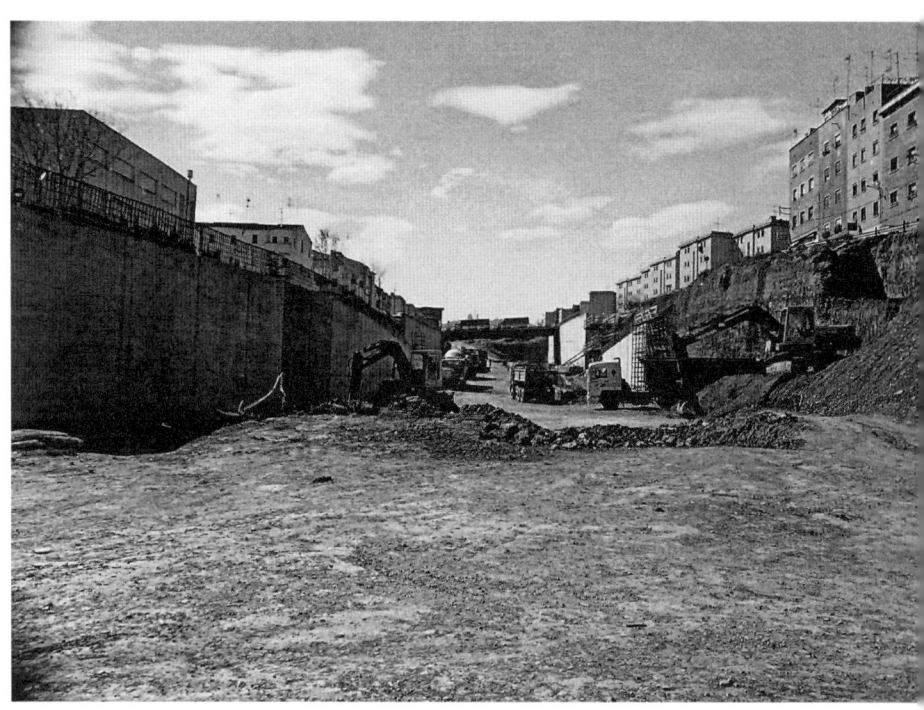

mencen els preparatius per a la construcció   ca. 1989   Empiezan los preparativos para la construcción
 tram nord de les rondes   del tramo norte de las rondas

Tram de la ronda de Dalt en construcció,   ca. 1990   Tramo de la ronda de Dalt en construcción,
amb el Tibidabo al fons   con el Tibidabo al fondo

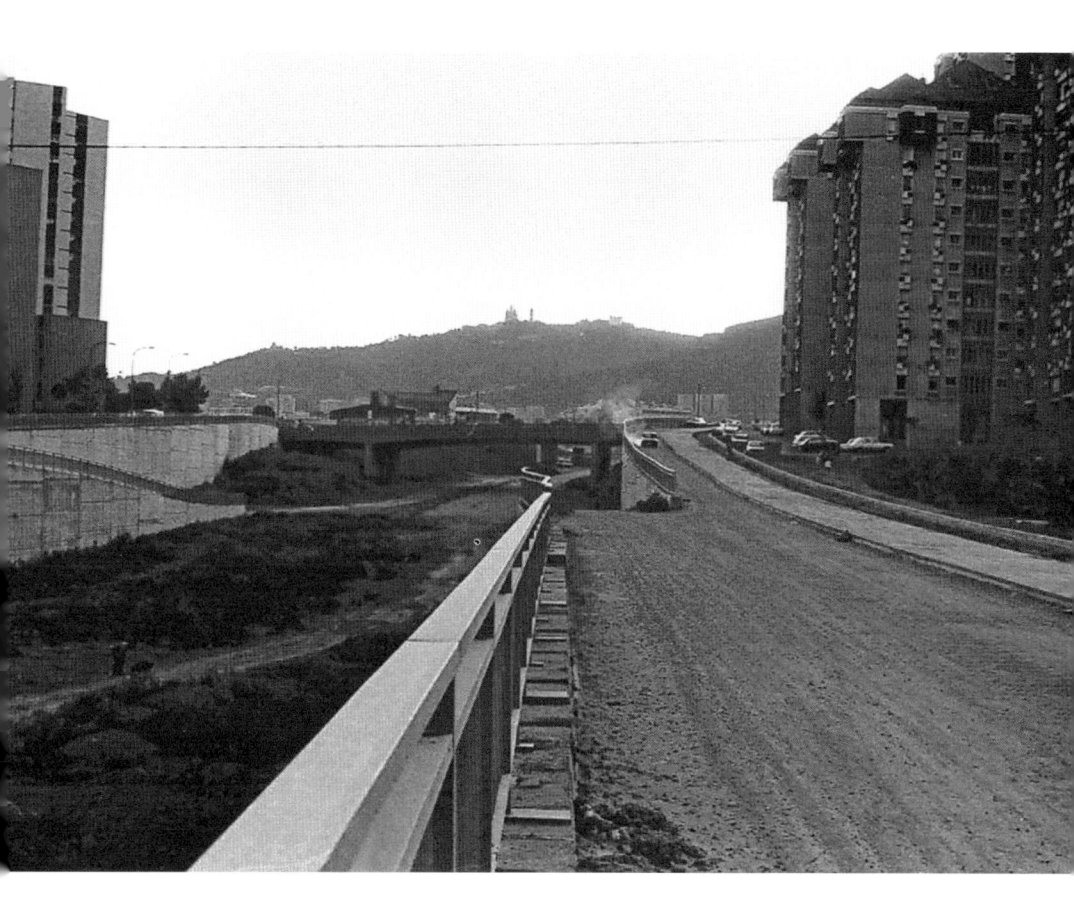

"La cultura va de festa", 1985 "La cultura va de fiesta",
trobada d'entitats culturals   encuentro de entidades culturales

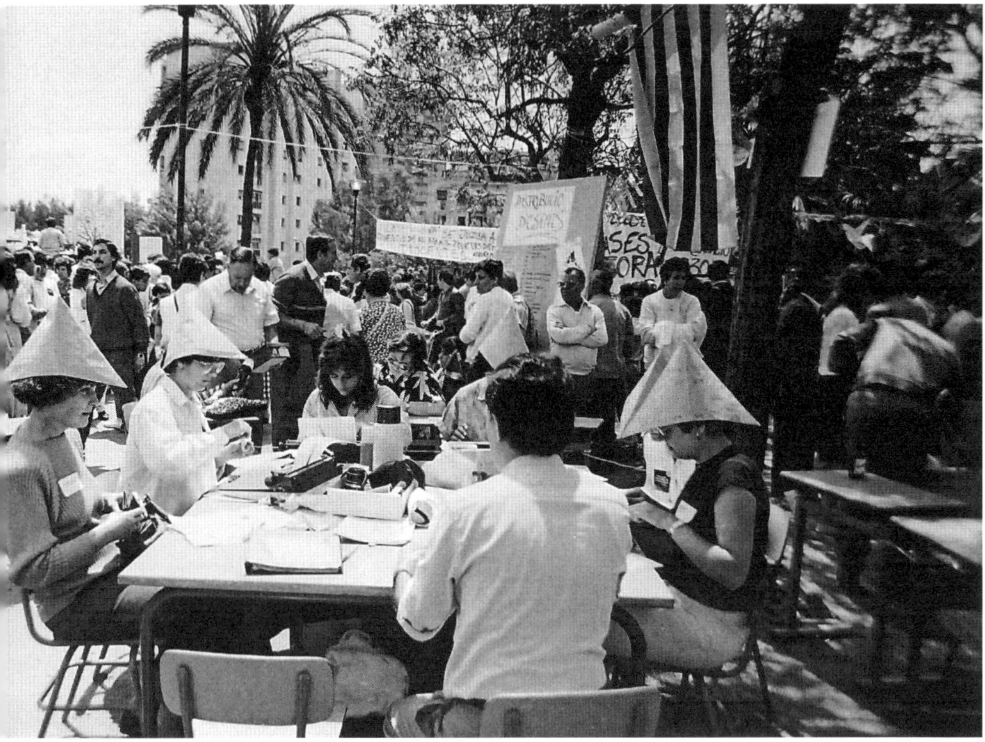

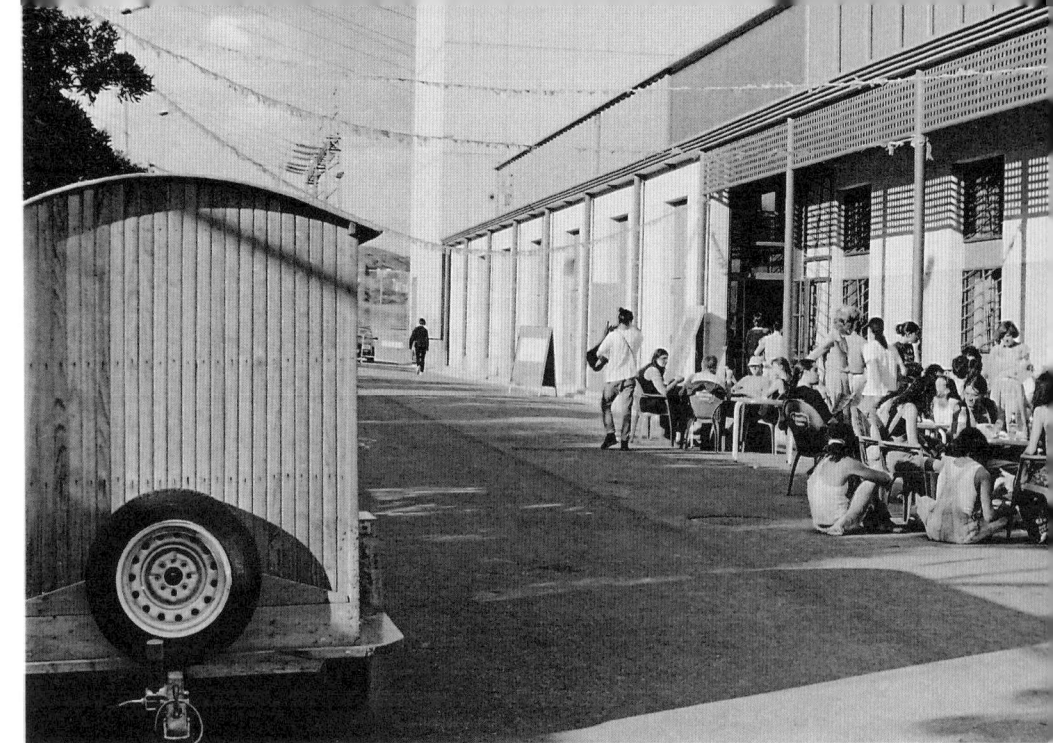

Criatures al parc de la Guineueta   1994   Niños en el parque de la Guineueta

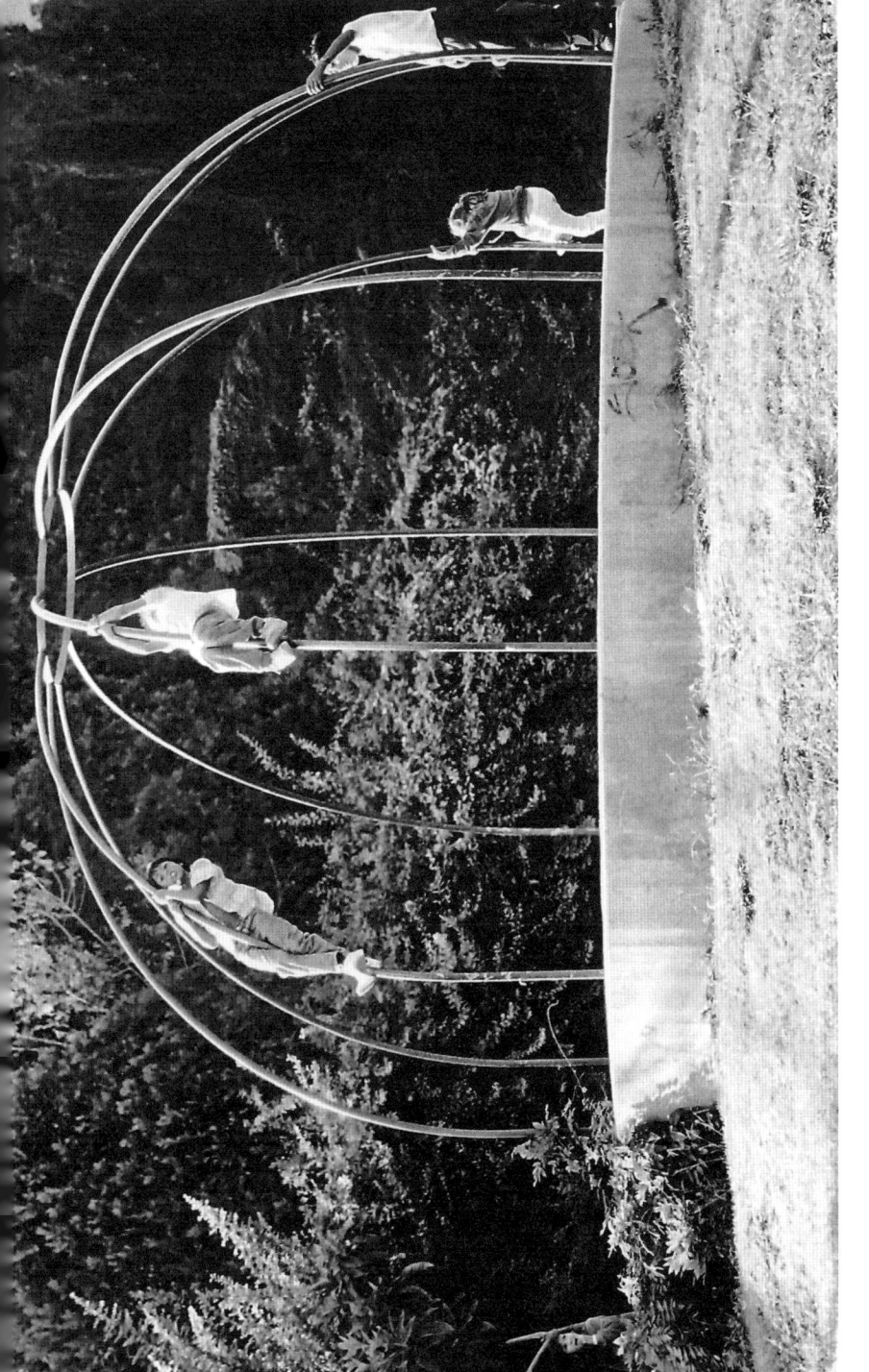

Exhibició de dansa a l'escola Oriol Martorell   1998   Exhibición de danza en la escuela Oriol Martorell

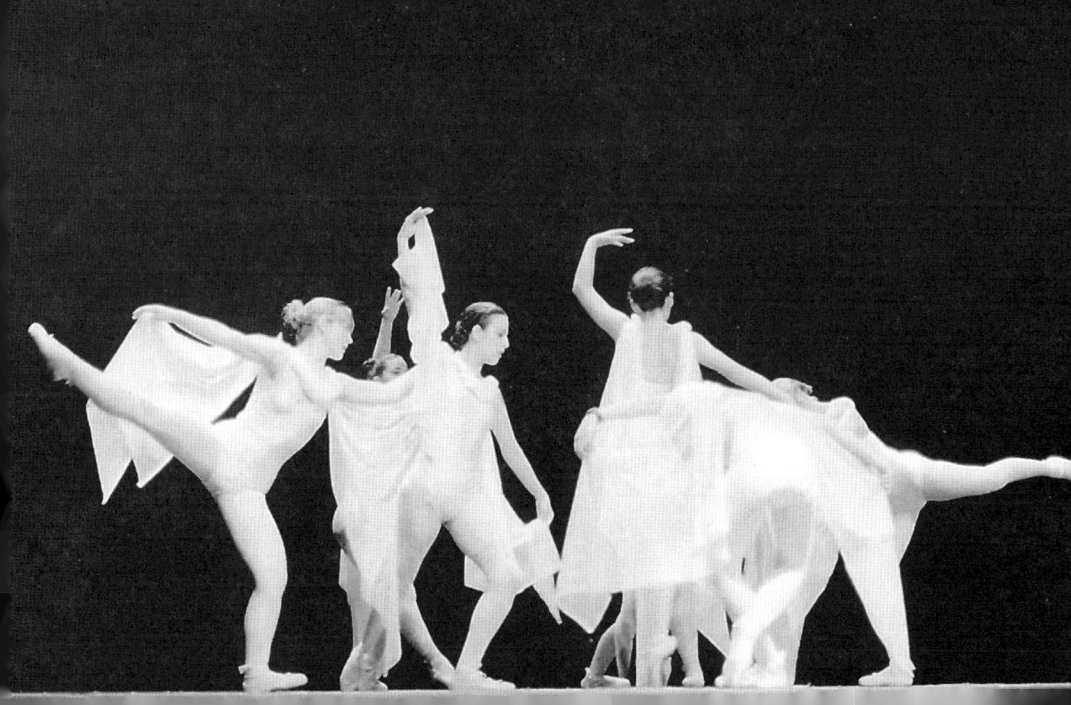

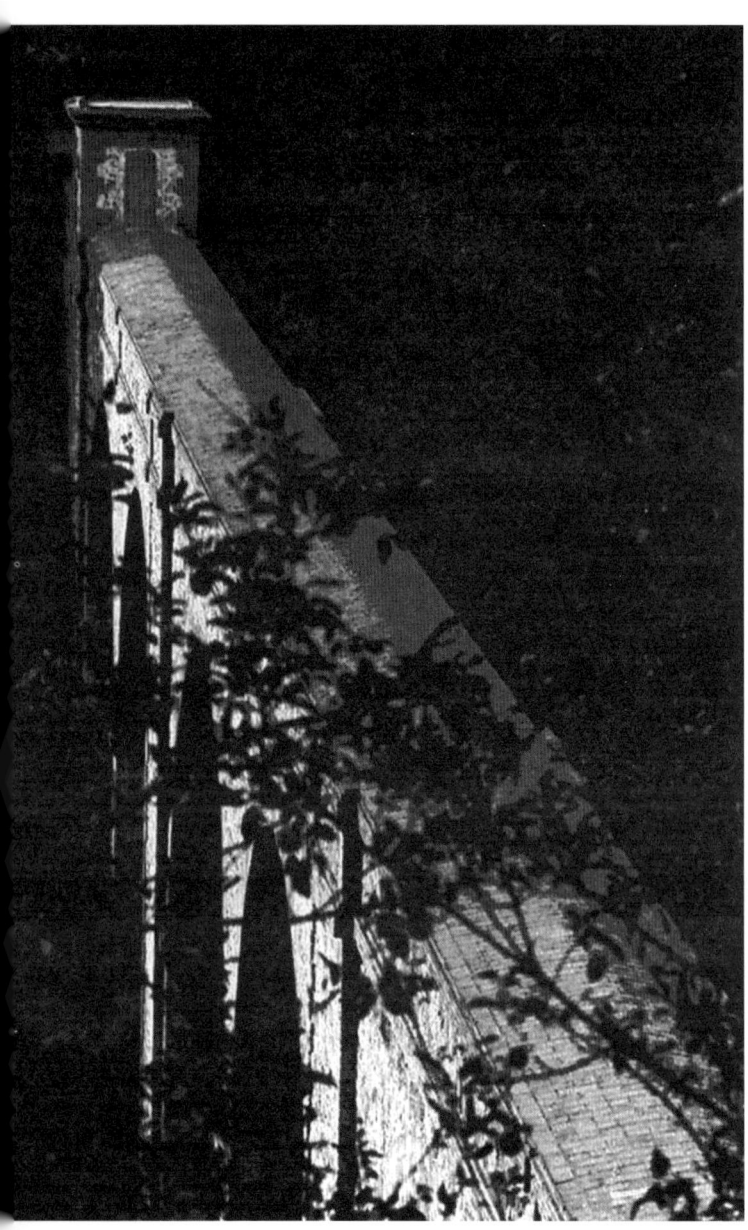

ieducte "Els tres ulls",
arri de Ciutat Meridiana

ca. 1990   Acueducto "Los tres ojos",
en el barrio de Ciutat Meridiana

Nit de Sant Joan a la placeta de Vivendes
del Governador, actualment desapareguda

1984

Noche de San Juan en la placita de Viviendas
del Gobernador, actualmente desaparecida

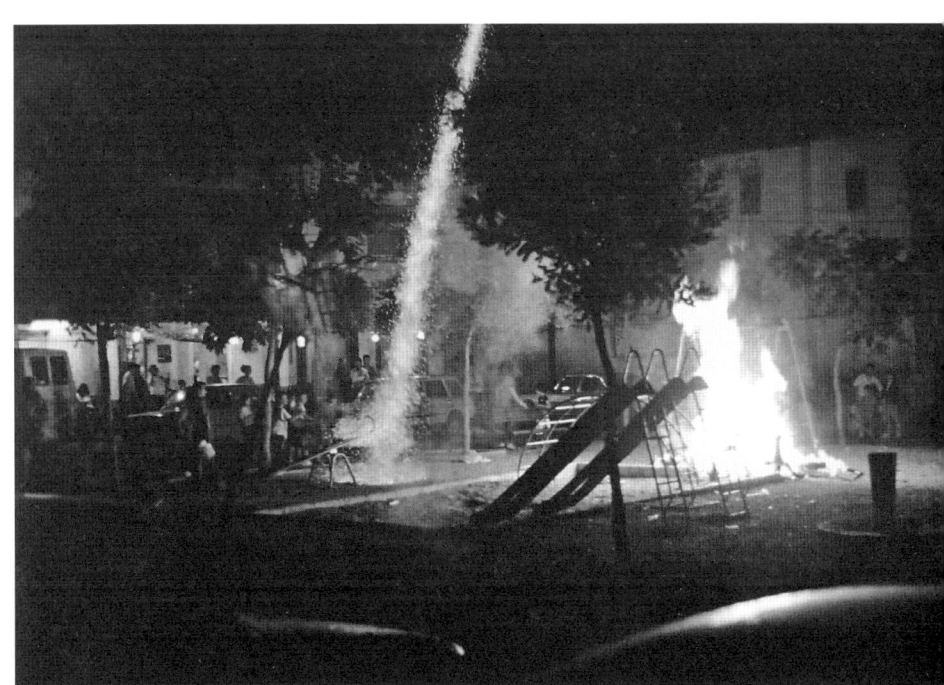

Enderroc de les Vivendes del Governador   ca. 1996   Derribo de las Viviendas del Gobernador

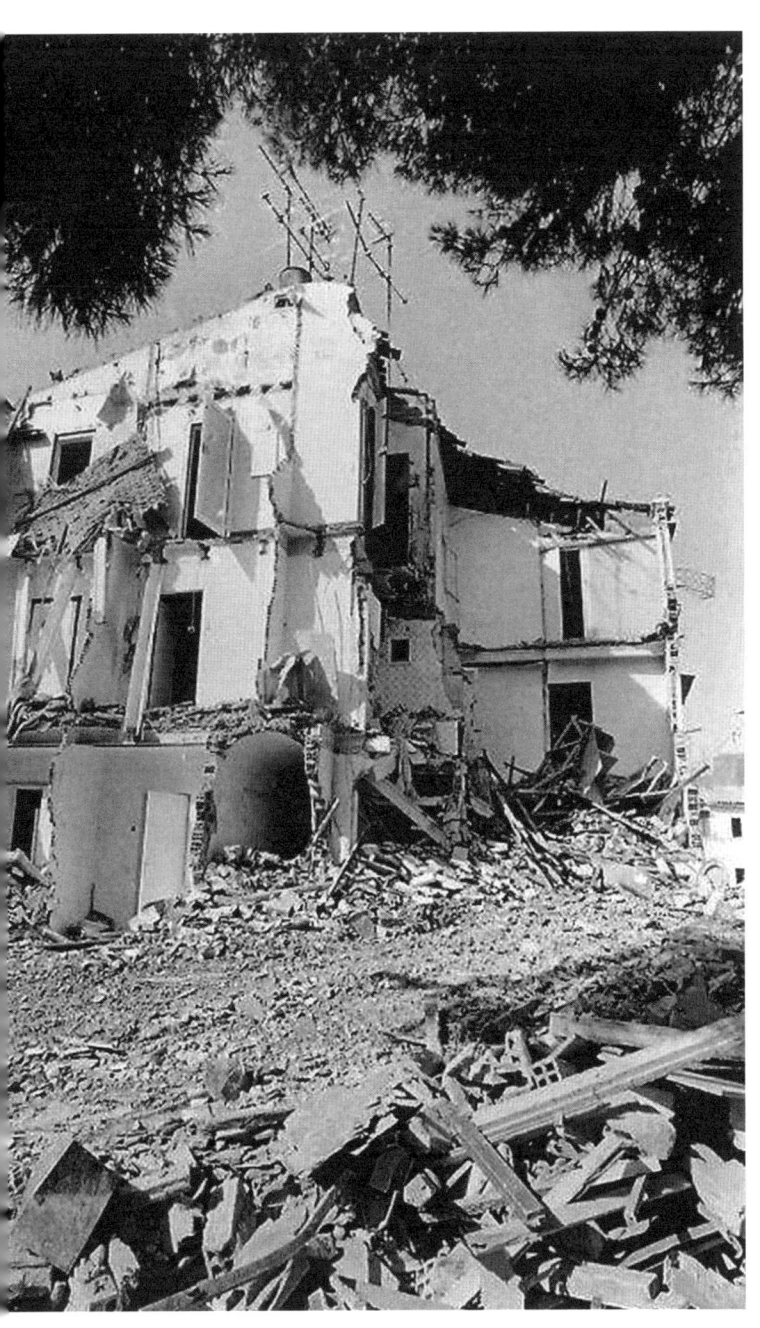

Construcció dels nous habitatges per ca. 1996 Construcción de las nuevas viviendas
l'Incasòl i enderroc de les antigues cases por el Incasòl y derribo de las antiguas casas
de les Vivendes del Governador de las Viviendas del Gobernador

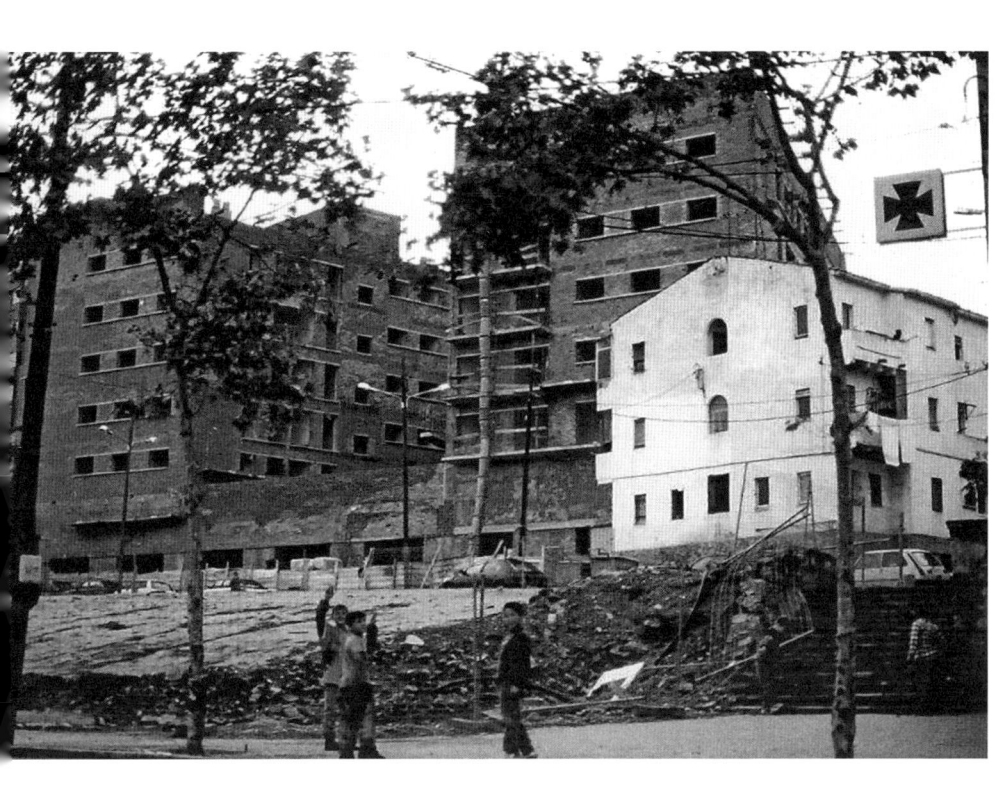

Runa del darrer bloc de les antigues   ca. 2000   Escombros del último bloque de las antiguas
Vivendes del Governador   Viviendas del Gobernador

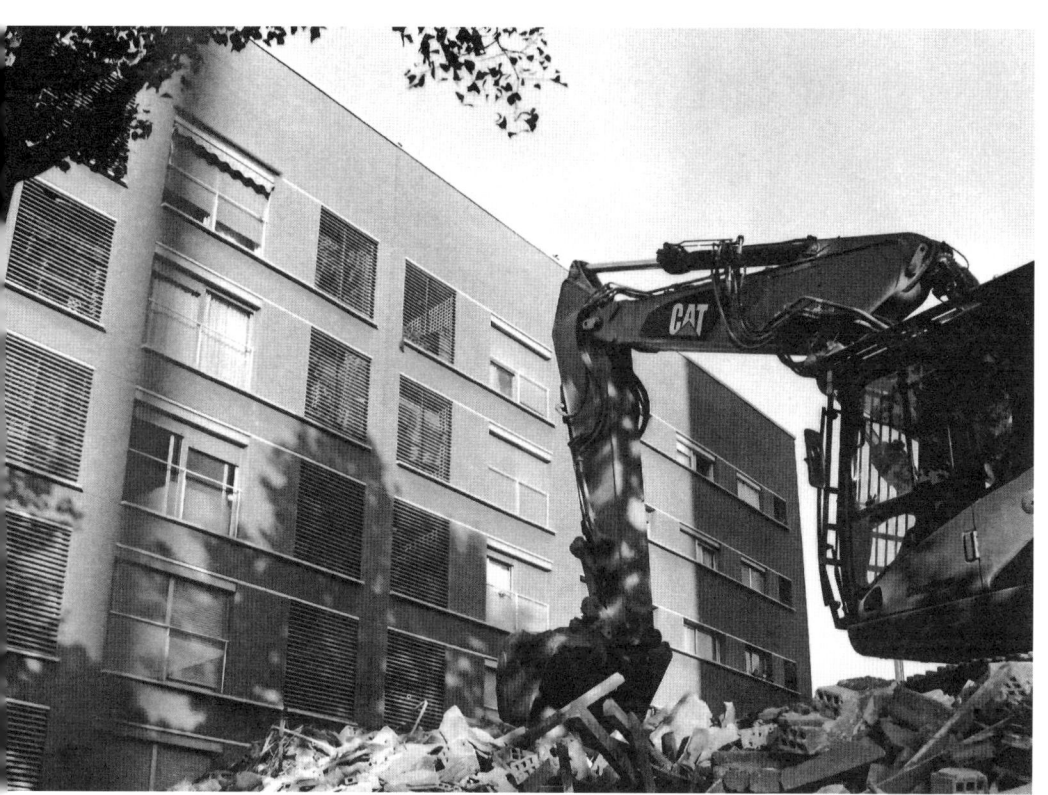

Construcció del tercer bloc dels nous   ca. 2001   Construcción del tercer bloque de las nuevas
habitatges al carrer d'Almansa   viviendas en la calle de Almansa

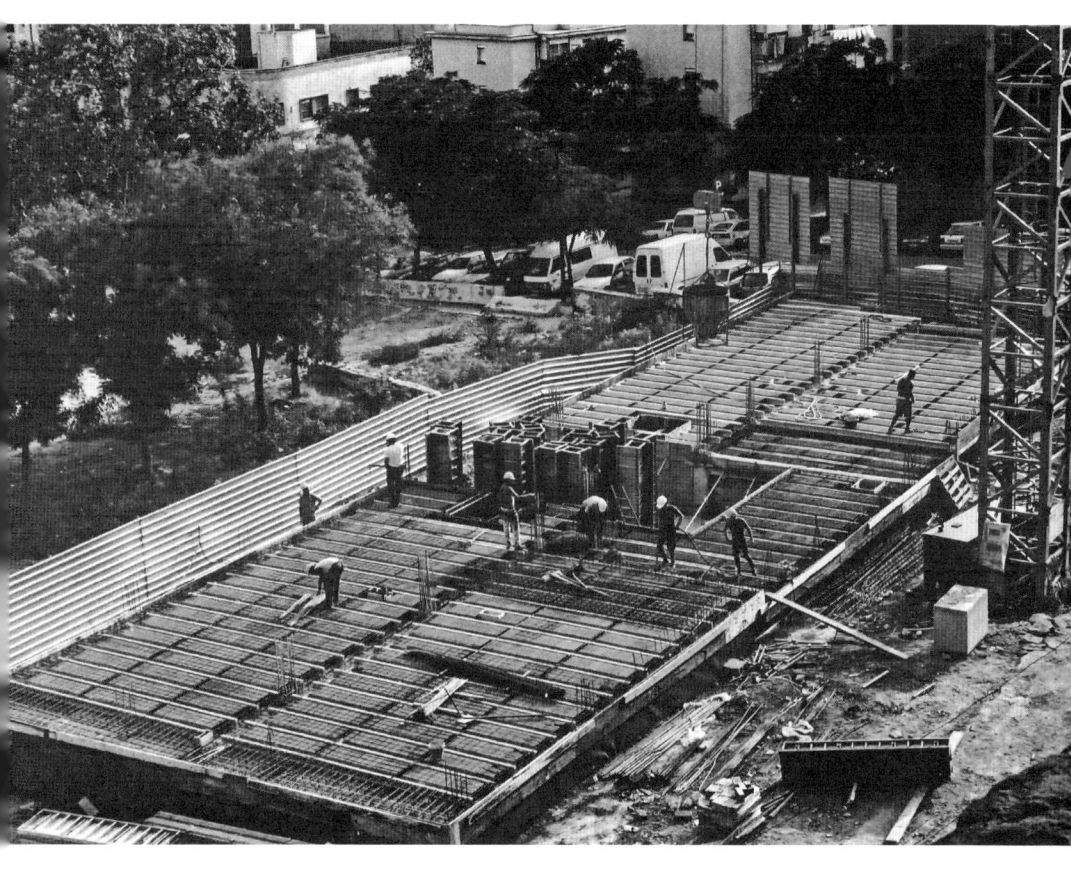

Acabament de les obres al tercer   ca. 2002   Finalización de las obras en el tercer
bloc del carrer d'Almansa   bloque de la calle de Almansa

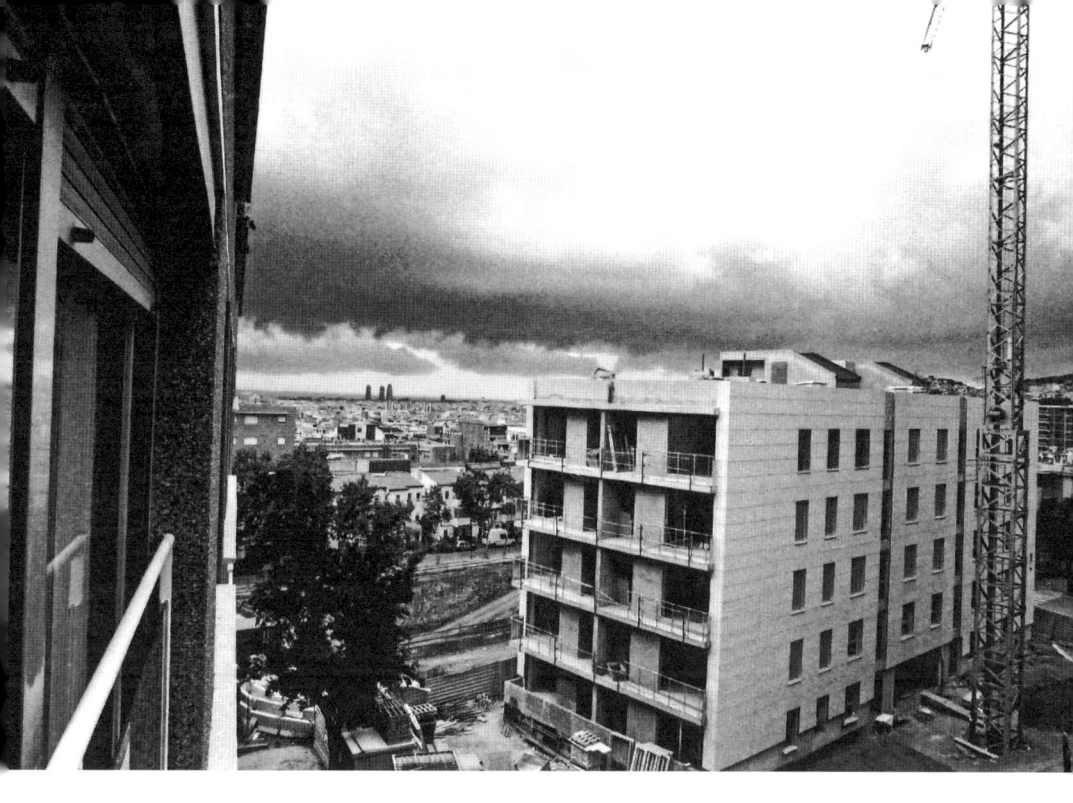

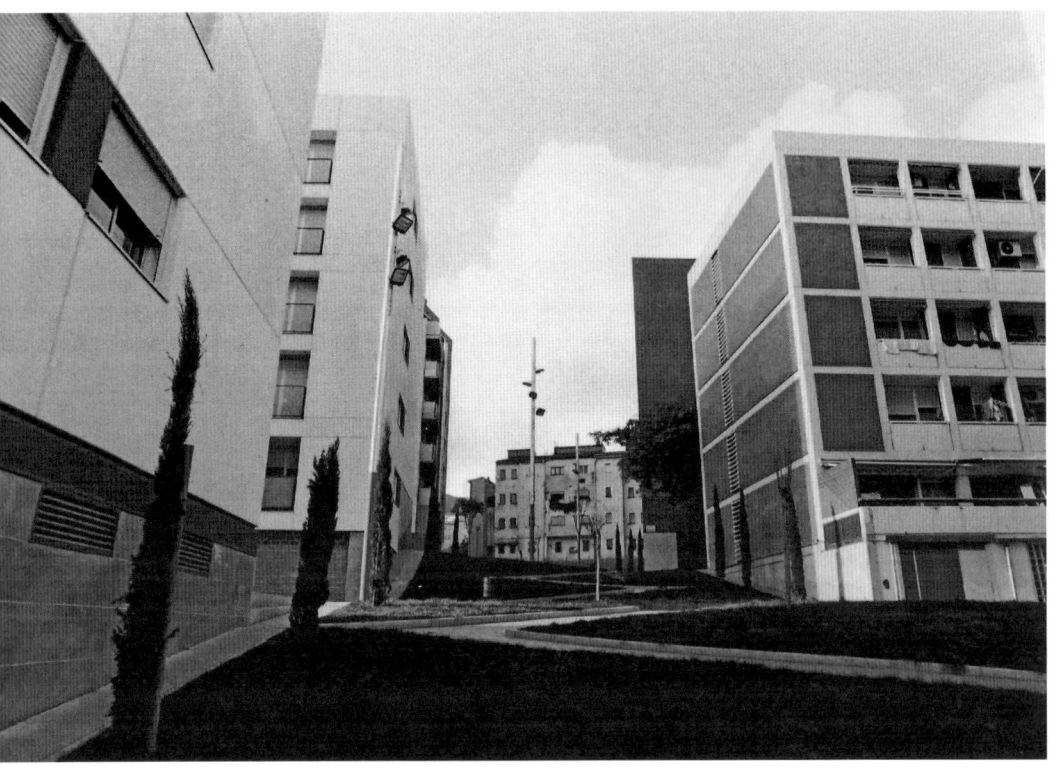

fons, l'últim bloc de les   ca. 2000   Al fondo, el último bloque de
vendes del Governador   las Viviendas del Gobernador

Guingueta al parc de la Guineueta   ca. 1995   Chiringuito en el parque de la Guineueta

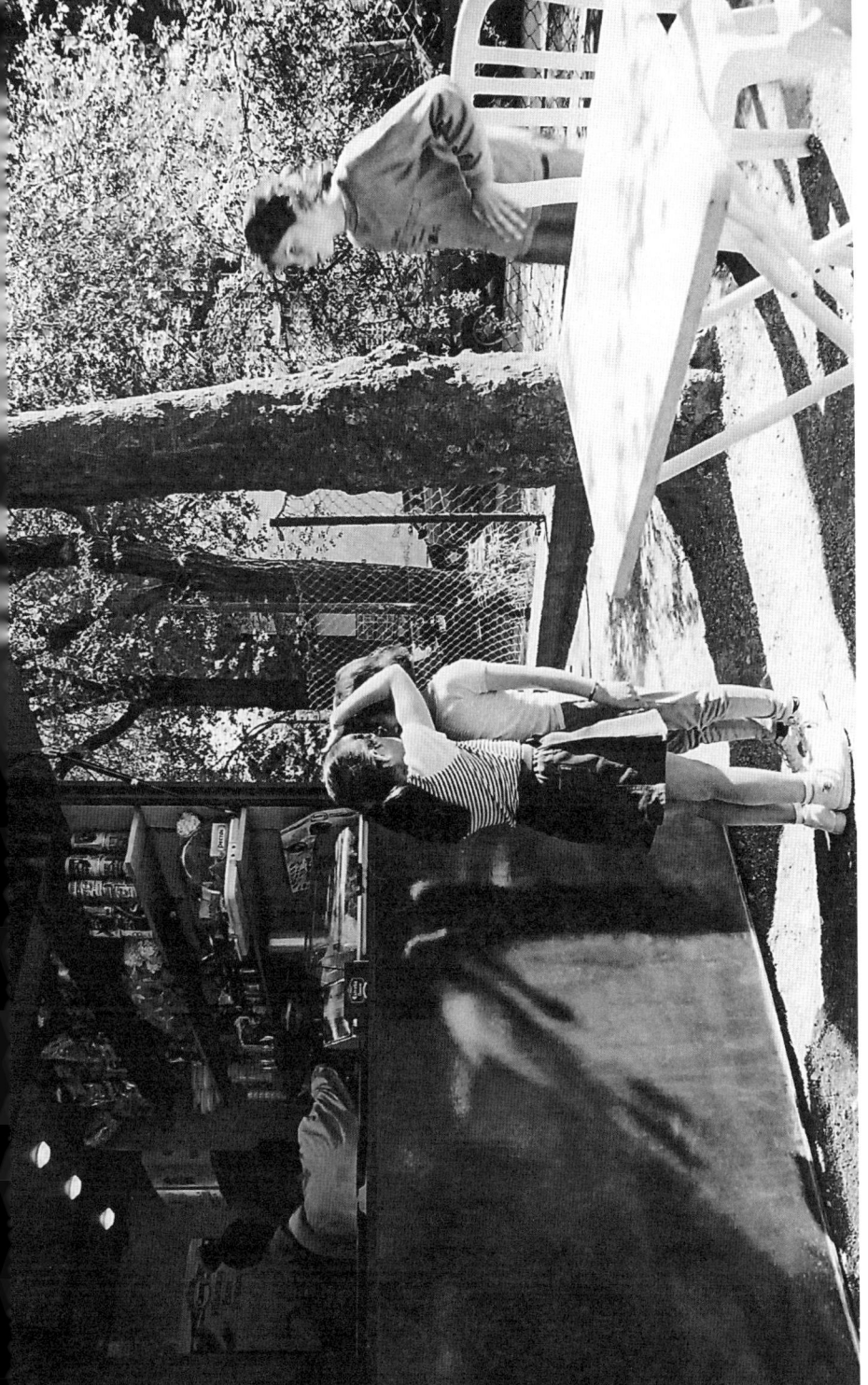

Mural a les pistes esportives   ca. 2000   Mural en las pistas deportivas
de via Favència / Almansa   de Vía Favència/Almansa

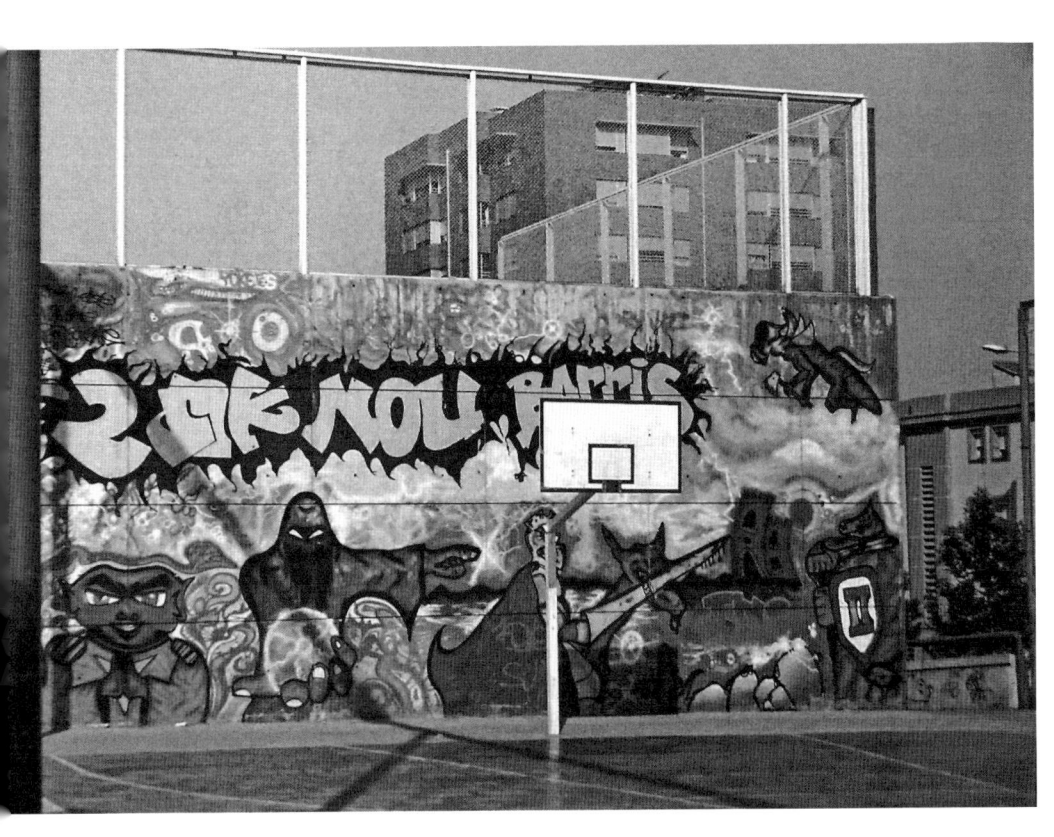

Mural a l'altre extrem de les pistes   ca. 2000   Mural en el otro extremo de las pistas
esportives de via Favència / Almansa   deportivas de Vía Favència/Almansa

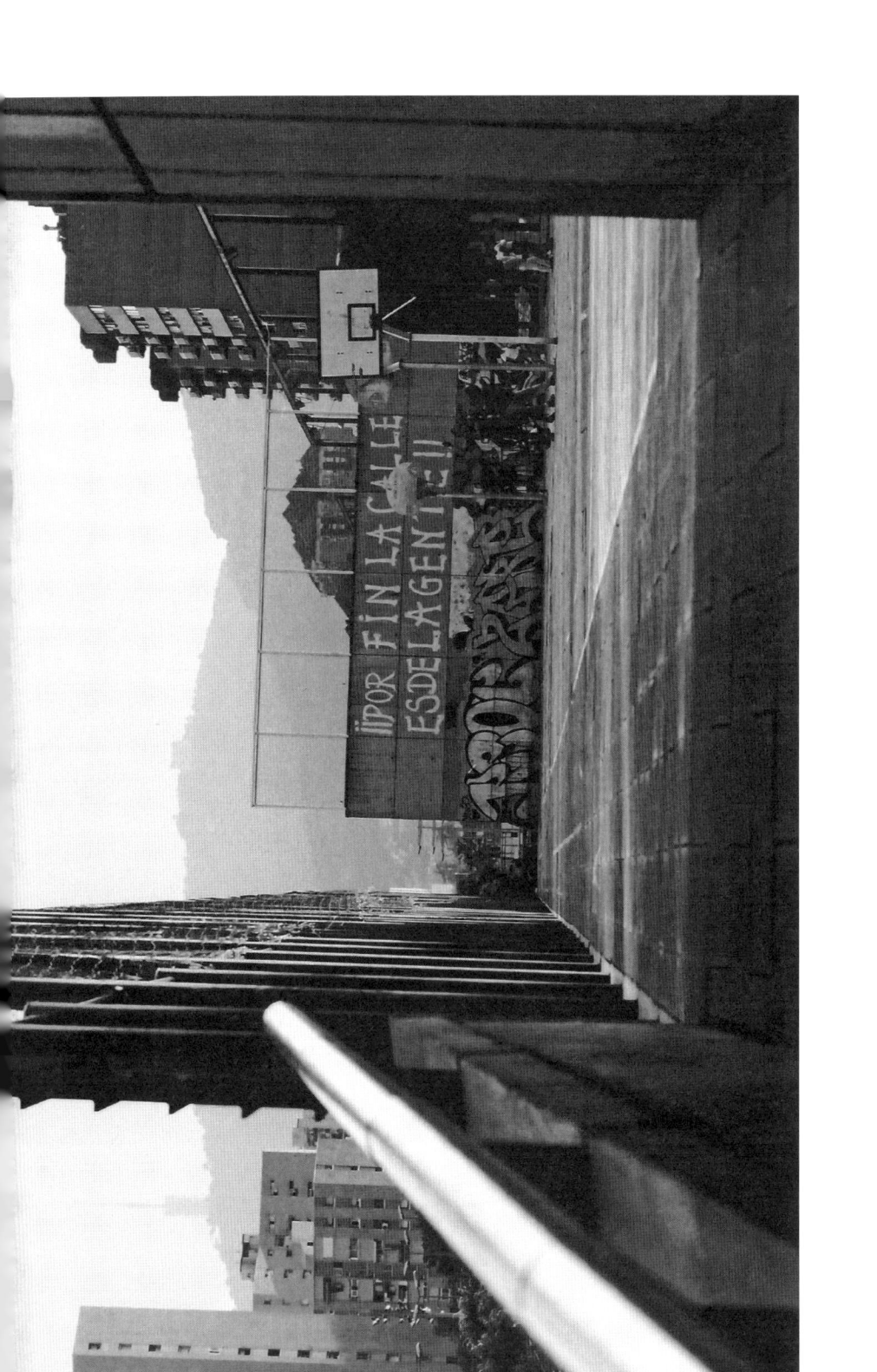